现代化新征程丛书

隆国强　总主编

ENERGY
STORAGE INDUSTRY
NEW TRACK UNDER THE CARBON NEUTRAL BACKGROUND

储能产业

碳中和背景下的新赛道

张长令　吴鹏飞　主　编

中国发展出版社
CHINA DEVELOPMENT PRESS

图书在版编目(CIP)数据

储能产业:碳中和背景下的新赛道 / 张长令,吴鹏飞主编 .—北京:中国发展出版社,2024.6

ISBN 978-7-5177-1396-8

Ⅰ.①储… Ⅱ.①张… ②吴… Ⅲ.①储能 – 产业发展 – 研究 – 中国 Ⅳ.①F426.2

中国国家版本馆 CIP 数据核字(2024)第 016609 号

书　　　名:储能产业:碳中和背景下的新赛道

主　　　编:张长令　　吴鹏飞

责 任 编 辑:沈海霞

出 版 发 行:中国发展出版社

联 系 地 址:北京经济技术开发区荣华中路 22 号亦城财富中心 1 号楼 8 层(100176)

标 准 书 号:ISBN 978-7-5177-1396-8

经 销 者:各地新华书店

印 刷 者:北京博海升彩色印刷有限公司

开　　　本:710mm × 1000mm　1/16

印　　　张:16

字　　　数:204 千字

版　　　次:2024 年 6 月第 1 版

印　　　次:2024 年 6 月第 1 次印刷

定　　　价:78.00 元

联 系 电 话:(010)67892670　68360970

购 书 热 线:(010)68990682　68990686

网 络 订 购:http://zgfzcbs.tmall.com

网 购 电 话:(010)88333349　68990639

本 社 网 址:http://www.develpress.com

电 子 邮 件:841954296@qq.com

联合编制单位

国研智库

中国社会科学院工业经济研究所

中共浙江省委政策研究室

工业和信息化部电子第五研究所（服务型制造研究院）

清华大学技术创新研究中心

清华大学人工智能国际治理研究院

上海交通大学健康长三角研究院

上海交通大学健康传播发展中心

浙江省发展规划研究院

苏州大学北京研究院

江苏省产业技术研究院

中国大唐集团有限公司

广东省交通集团有限公司

行云集团

上海昌进生物科技有限公司

广东利通科技投资有限公司

《储能产业：碳中和背景下的新赛道》
编委会

主编

张长令　吴鹏飞

编委（按姓氏笔画为序）

马凌志　冯　凯　白振华　刘长杰　刘永东

刘　坚　庄希颉　毕国玉　吴鹏飞　张长令

张逸哲　张　莉　余　璟　杨　帆　巫睿垚

郑学宇　赵泉淞　高妍蕊　常昌盛

总　序

　　党的二十大报告提出，从现在起，中国共产党的中心任务就是团结带领全国各族人民全面建成社会主义现代化强国、实现第二个百年奋斗目标，以中国式现代化全面推进中华民族伟大复兴。当前，世界之变、时代之变、历史之变正以前所未有的方式展开，充满新机遇和新挑战，全球发展的不确定性不稳定性更加突出，全方位的国际竞争更加激烈。面对百年未有之大变局，我们坚持把发展作为党执政兴国的第一要务，把高质量发展作为全面建设社会主义现代化国家的首要任务，完整、准确、全面贯彻新发展理念，坚持社会主义市场经济改革方向，坚持高水平对外开放，加快构建以国内大循环为主体、国内国际双循环相互促进的新发展格局，不断以中国的新发展为世界提供新机遇。

　　习近平总书记指出，今天，我们比历史上任何时期都更接近、更有信心和能力实现中华民族伟大复兴的目标。中华民族已完成全面建成小康社会的千年夙愿，开创了中国式现代化新道路，为实现中华民族伟大复兴提供了坚实的物质基础。现代化新征程就是要实现国家富强、民族振兴、人民幸福的宏伟目标。在党的二十大号召下，全国人民坚定信心、同心同德、埋头苦干、奋勇前进，为全面建设社会主义现代化国家、全面推进中华民族伟大复兴而团结奋斗。

　　走好现代化新征程，要站在新的历史方位，推进实现中华民族伟大复兴。党的十八大以来，中国特色社会主义进入新时代，这是我国发展新的历史方位。从宏观层面来看，走好现代化新征程，需要站在新的历史方位，客观认识、准确把握当前党和人民事业所处的发展阶段，不断推动经济高质量发展。从中观层面来看，走好现代化新征程，需要站在新的历史方位，适应我国参与国际竞合比较优势的变化，通过深化供给侧结构性改革，对内解决好发展不平衡不充分问题，对外化解外部环境新矛盾新挑战，实现对全球要素资源的强大吸引力、在激烈国际竞争中的强大竞争力、在全球资源配置中的强大推动力，在科技高水平自立自强基础上塑造形成参与国际竞合新优势。从微观层面来看，走好现代化新征程，需要站在新的历史方位，坚持系统观念和辩证思维，坚持两点论和重点论相统一，以"把握主动权、下好先手棋"的思路，充分依托我国超大规模市场优势，培育和挖掘内需市场，推动产业结构优化和转型升级，提升产业链供应链韧性，增强国家的生存力、竞争力、发展力、持续力，确保中华民族伟大复兴进程不迟滞、不中断。

走好现代化新征程，要把各国现代化的经验和我国国情相结合。实现现代化是世界各国人民的共同追求。随着经济社会的发展，人们越来越清醒全面地认识到，现代化虽起源于西方，但各国的现代化道路不尽相同，世界上没有放之四海而皆准的现代化模式。因此，走好现代化新征程，要把各国现代化的共同特征和我国具体国情相结合。我们要坚持胸怀天下，拓展世界眼光，深刻洞察人类发展进步潮流，以海纳百川的宽阔胸襟借鉴吸收人类一切优秀文明成果。坚持从中国实际出发，不断推进和拓展中国式现代化。党的二十大报告系统阐述了中国式现代化的五大特征，即中国式现代化是人口规模巨大的现代化、是全体人民共同富裕的现代化、是物质文明和精神文明相协调的现代化、是人与自然和谐共生的现代化、是走和平发展道路的现代化。中国式现代化的五大特征，反映出我们的现代化新征程，是基于大国经济，按照中国特色社会主义制度的本质要求，实现长期全面、绿色可持续、和平共赢的现代化。此外，党的二十大报告提出了中国式现代化的本质要求，即坚持中国共产党领导，坚持中国特色社会主义，实现高质量发展，发展全过程人民民主，丰富人民精神世界，实现全体人民共同富裕，促进人与自然和谐共生，推动构建人类命运共同体，创造人类文明新形态。这既是我们走好现代化新征程的实践要求，也为我们指明了走好现代化新征程的领导力量、实践路径和目标责任，为我们准确把握中国式现代化核心要义，推动各方面工作沿着复兴目标迈进提供了根本遵循。

走好现代化新征程，要完整、准确、全面贯彻新发展理念，着力推动高质量发展，加快构建新发展格局。高质量发展是全面建设社会主义现代化国家的首要任务。推动高质量发展必须完整、准确、全面贯彻新发展理念，让创新成为第一动力、协调成为内生特点、绿色成为普遍形态、开放成为必由之路、共享成为根本目的，努力实现高质量发展。同时，还必须建立和完善促进高质量发展的一整套体制机制，才能保障发展方式的根本性转变。如果不能及时建立一整套衡量高质量发展的指标体系和政绩考核体系，就难以引导干部按照新发展理念来推进工作。如果不能在创新、知识产权保护、行业准入等方面建立战略性新兴产业需要的体制机制，新兴产业、未来产业等高质量发展的新动能也难以顺利形成。

走好现代化新征程，必须全面深化改革、扩大高水平对外开放。改革开放为我国经济社会发展注入了强劲动力，是决定当代中国命运的关键一招。改革开放以来，我国经济社会发展水平不断提升，人民群众的生活质量不断改善，经济发展深度融入全球化体系，创造了举世瞩目的伟大成就。随着党的二十大开启了中国式现代化新征程，需要不断深化重点领域改革，为现代化建设提供体制保障。2023年中央经济工作会议强调，必须坚持依靠改革开放增强发展内生动力，统筹推进深层次改革和高水平开放，不断解放和发展生产力、激发和增强社会活力。第一，要不断完善落实"两个毫不动摇"的体制机制，充分激发各类经营主体的内生动力和创新活力。公有制为主体、多种所有制经济共同发展是我国现代化建设的重要优势。推动高质量发展，需要深化改革，充分释放各类经营主体的创新活力。应对国际环境的复杂性、严峻性、不确定性，克服"卡脖子"问题，维护产业链供应链安全稳定，同样需要为各类经营主体的发展提供更加完善的市场环境和体制环境。第二，要加快全国统一大市场建设，提高资源配置效率。超大规模的国内市场，可以有效分摊企业研发、制造、服务的成本，形成规模经济，这是我国推动高质量发展的一个重要优势。第三，扩大高水平对外开放，形成开放与改革相互促进的新格局。对外开放本质上也是改革，以开放促改革、促发展，是我国发展不断取得新成就的重要法宝。对外开放是利用全球资源全球市场和在全球配置资源，是高质量发展的内在要求。

知之愈明，则行之愈笃。走在现代化新征程上，我们出版"现代化新征程丛书"，是为了让社会各界更好地把握当下发展机遇、面向未来，以奋斗姿态、实干业绩助力中国式现代化开创新篇章。具体来说，主要有三个方面的考虑。

一是学习贯彻落实好党的二十大精神，为推进中国式现代化凝聚共识。党的二十大报告阐述了开辟马克思主义中国化时代化新境界、中国式现代化的中国特色和本质要求等重大问题，擘画了全面建成社会主义现代化强国的宏伟蓝图和实践路径，就未来五年党和国家事业发展制定了大政方针、作出了全面部署，是中国共产党团结带领全国各族人民夺取新时代中国特色社会主义新胜利的政治宣言和行动纲领。此套丛书，以习近平新时代中国特色社会主义思想为指导，认真对标对表党的二十大报告，从报告原文中找指导、从会议精神中找动力，用行动践行学习宣传贯彻党的二十大精神。

二是交流高质量发展的成功实践，释放创新动能，引领新质生产力发展，为推进中国式现代化汇聚众智。来自20多家智库和机构的专家参与本套丛书的编写。丛书第二辑将以新质生产力为主线，立足中国式现代化的时代特征和发展要求，直面各个地区、各个部门面对的新情况、新问题，总结借鉴国际国内现代化建设的成功经验，为各类决策者提供咨询建议。丛书内容注重实用性、可操作性，努力打造成为地方政府和企业管理层看得懂、学得会、用得了的使用指南。

三是探索未来发展新领域新赛道，加快形成新质生产力，增强发展新动能。新时代新征程，面对百年未有之大变局，我们要深入理解和把握新质生产力的丰富内涵、基本特点、形成逻辑和深刻影响，把创新贯穿于现代化建设各方面全过程，不断开辟发展新领域新赛道，特别是以颠覆性技术和前沿技术催生的新产业、新模式、新动能，把握新一轮科技革命机遇、建设现代化产业体系，全面塑造发展新优势，为我国经济高质量发展提供持久动能。

"现代化新征程丛书"主要面向党政领导干部、企事业单位管理层、专业研究人员等读者群体，致力于为读者丰富知识素养、拓宽眼界格局，提升其决策能力、研究能力和实践能力。丛书编制过程中，重点坚持以下三个原则：一是坚持政治性，把坚持正确的政治方向摆在首位，坚持以党的二十大精神为行动指南，确保相关政策文件、编选编排、相关概念的准确性；二是坚持前沿性，丛书选题充分体现鲜明的时代特征，面向未来发展重点领域，内容充分展现现代化新征程的新机遇、新要求、新举措；三是坚持实用性，丛书编制注重理论与实践的结合，特别是用新的理论要求指导新的实践，内容突出针对性、示范性和可操作性。在上述理念与原则的指导下，"现代化新征程丛书"第一辑收获了良好的成效，入选中宣部"2023年主题出版重点出版物选题"，相关内容得到了政府、企业决策者和研究人员的极大关注，充分发挥了丛书服务决策咨询、破解现实难题、支撑高质量发展的智库作用。

"现代化新征程丛书"第二辑按照开放、创新、产业、模式"四位一体"架构进行设计，包含十多种图书。其中，"开放"主题有"'地瓜经济'提能升级""跨境电商"等；"创新"主题有"科技创新推动产业创新""前沿人工智能"等；"产业"主题有"建设现代化产业体系""储能经济""合成生物""绿动未来""建设海洋强国""产业融合""健康产业"等；"模式"主题有"未来制造"等。此外，丛书编委会根据前期调研，撰写了"高质量发展典型案例（二）"。

相知无远近，万里尚为邻。丛书第一辑的出版，已经为我们加强智库与智库、智库与传播界之间协作，促进智库研究机构与智库传播机构的高水平联动提供了很好的实践，也取得社会效益与经济效益的双丰收，为我们构建智库型出版产业体系和生态系统，实现"智库引领、出版引路、路径引导"迈出了坚实的一步。积力之所举，则无不胜也；众智之所为，则无不成也。我们希望再次与大家携手共进，通过丛书第二辑的出版，促进新质生产力发展、有效推动高质量发展，为全面建成社会主义现代化强国、实现第二个百年奋斗目标作出积极贡献！

隆国强

国务院发展研究中心副主任、党组成员

2024年3月

前　言

　　随着传统化石能源大规模消耗而产生的能源安全与全球气候问题日益严峻，绿色低碳已成全球能源转型的趋势。在此背景下，各国纷纷将实现碳达峰、碳中和作为重要战略目标，发展可再生能源和构建新型能源体系成为实现绿色发展的有效途径。作为连接可再生能源与传统能源的关键媒介，储能是指利用介质或设备将电能、化学能、热能、机械能等不同形式的能量转化为易于存储的形态，并在需要时释放出来，以实现能量的灵活转化和高效利用。储能可以有效平抑可再生能源发电的间歇性和不稳定性，已成为解决能源供需矛盾、提高能源利用效率、促进能源结构优化升级和保障能源供应安全稳定的重要手段。

　　党的二十大描绘了实现中国式现代化的宏伟蓝图，在积极稳妥推进碳达峰、碳中和的目标下，提出了深入推进能源革命、加快规划建设新型能源体系、确保能源安全的要求。我国建设新型能源体系需要充分考虑可再生能源的安全、可靠替代，推进储能产业特别是新型储能业态的发展，加快构建新型电力系统。2024年的《政府工作报告》首次提出发展新型储能。发展储能产业，壮大新型储能业态，既符合绿色发展理念，又能满足经济社会发展对清洁高效能源体系的迫切需求，对于培育发展新质生产力和实现经济高质量发展意义重大。

　　从全球范围看，储能产业正以前所未有的速度蓬勃发展，各国纷纷出台战略导向和支持政策，谋求在新赛道中抢占先机。美国、欧盟、日本、韩国等国家和地区储能技术和产业发展较早，通过制定战略规划、发展路线图、财税政策和标准法规，加强储能技术研发，大力推进储能产业特别是新型储能产业快速发展。据不完全统计，截至2023年底，全球已投运储能项目累计装机规模为289.2兆瓦；其中，新型储能项目装机规模达到91.3兆瓦，全球储能产业发展已进入规模化商业应用阶段。

在国家政策引导和各方共同努力下，我国储能产业也进入快速发展阶段。2017年，国家发展改革委、国家能源局出台的《关于促进储能技术与产业发展的指导意见》明确提出了促进我国储能技术与产业发展的重要意义、总体要求、重点任务和保障措施。此后，国家层面各类储能支持政策相继出台，地方层面储能政策不断完善，我国储能产业特别是新型储能产业发展进程加快，产业规模不断扩大、产业活力快速提升、产业链实力不断增强、应用场景逐步拓展、商业模式日益清晰。截至2023年底，我国已投运的电力储能项目累计装机规模为86.5兆瓦，新型储能系统累计装机规模达到31.39兆瓦，实现了跨越式增长，提前实现了2025年发展目标。

在区域发展层面，我国储能产业推进路径呈现多元化趋势。优势地区凭借其优越的资源禀赋和雄厚的经济实力，储能产业链已相对完善和集中，形成具有竞争力的产业集群。特别是深圳、武汉、成都等地，依托其强大的制造业基础和科技创新实力，不仅推动了储能技术的快速发展，也为全国乃至全球储能产业发展贡献了重要力量。与此同时，后发地区以其丰富的可再生能源资源和独特的地理条件，正逐步成为我国新型储能示范应用的先导区域。内蒙古自治区、青海省在风能、太阳能等可再生能源的规模化开发方面取得显著成就，积极发展新型储能产业和开展新型储能示范应用。

在商业模式方面，工程总承包模式、共享储能模式、租赁模式、虚拟电厂模式等各类商业模式正不断涌现，以满足不同场景下的储能需求。这不仅为储能产业带来新的发展机遇，也为能源系统的优化升级提供了有力支撑。与此同时，一些企业在储能应用模式的探索上也取得显著成效，南京钢铁、浙江朗呈、上海电气国轩、大连融科等企业在大型工商业储能电站、海岛离网锂电储能系统、"共享+"储能模式以及钒液流电池新型储能等方面进行了积极探索，正在为储能产业创新发展开辟新路径。

尽管我国储能产业发展取得了显著成效，但依然面临一些瓶颈和挑战。一方面，我国储能配比滞后于可再生能源发展，储能项目的利用率不高，储能行业标准有待进一步完善，新型储能的成熟性和稳定性有待进一步提高。另一方面，我国储能的市场独立主体地位尚不够明确，储能市场面临低价同质化竞争，稳定、可持续的投资收益机制尚未形成，给储能产业的发展带来了不确定性。可喜的是，我国储能产业迎来巨大发展机遇，抽水蓄能稳步建设，压缩空气储能、全钒液流电池储能加速发展，钠离子电池储能、重力储能等新技术陆续开展示范应用，高压氢气储能快速突破，锂离子电池储能产业链已形成全球竞争优势。此外，人工智能、大数据、5G等技术的飞速发展，为新型储能体系的建设和应用提供了有力支撑，有助于能源结构的转型和升级。

展望未来，随着我国加快构建以新能源为主体的新型电力系统，多元化储能技术加快迭代，储能系统的建设和运营成本逐渐降低，应用场景不断拓展，新型储能从试点示范转向规模化商用，储能产业正迎来快速发展的黄金机遇期。我国新型储能将呈现产业规模化、技术精益化、机制体系化齐头并进的发展趋势，高效、安全、实用的新型储能技术将不断发展，储电、储热、储气、储氢等覆盖全周期的多类型储能将协同运行，推动储能系统性能的不断提升和成本的持续下降，储能市场需求将保持高速增长，预计2025年我国新型储能产业规模将突破万亿元。

在此背景下，为促进储能产业健康可持续发展，我国应从以下几个方面统筹推进。一是确立储能项目以独立市场地位参与各类电力市场交易，通过中长期交易、现货交易、辅助服务获得收益。二是加强新型储能核心技术与关键部件攻关，制定长时储能技术路线图，加大长时储能技术研发及应用示范力度。三是持续推动新一代信息技术与储能产业融合，实现能量流与信息流的融合，有效解决储能成本高、安全风险大、利用率低等问题。四是以市场化方式促进新型储能调用，探索新型储能容量租赁、容量补偿和以市场化方式形成相关价格机制，以提高盈利能力为导向加快多元化商业模式和应用场景探索。五是创新体制机制，从顶层设计上统筹储能产业发展，建立健全运行机制和电力市场机制，引导储能科学配置和调用，维持地方储能政策的稳定性和持续性。

本书从储能技术的基本原理和储能产业发展的重大意义入手，全面探讨了我国储能产业的发展现状、面临的挑战及未来发展趋势。本书不仅对全球储能产业发展动态、主要国家战略导向及支持政策、我国储能产业进展进行了深入分析，还研判了我国新型储能产业发展的机遇、区域储能产业发展路径，剖析了我国储能产业面临的瓶颈和挑战。在此基础上，本书针对我国储能产业健康可持续发展提出了对策建议。

本书是国研智库未来产业研究团队的年度研究成果。在调研和研究过程中，中国可再生能源学会、中国科学院大连化学物理研究所、中国科学院工程热物理研究所、国家发展改革委能源研究所、中国电力企业联合会、中关村储能产业技术联盟和内蒙古自治区能源局、青海省能源局、武汉市经济和信息化局、成都市经济和信息化局、深圳市发展改革委、承德市发展改革委及沈阳市科技局、沈阳产业技术研究院等机构给予了大力支持，部分储能龙头企业和示范应用主体提供了相关材料。本书的撰写还得到了有关领导、专家的指导和帮助，在此一并表示感谢。限于精力和水平，书中疏漏之处敬请读者批评指正。

本书的出版将为各级政府主管部门、产业园区、产业服务平台和广大储能企业研判我国储能产业发展形势提供决策依据。同时，本书还将为高等院校、科研院所、智库机构、专家学者开展储能产业相关研究，以及各类产业主体、应用主体、投资主体和社会公众了解储能产业，提供有价值的参考。

目　录

第 一 章
储能产业对新型能源体系建设和"双碳"目标实现意义重大

一、储能技术的基本原理和发展历程

（一）储能技术的定义

储能是指通过化学或者物理的方法将产生的能量存储起来并在需要时释放的一系列技术和措施。从狭义上讲，储能技术是利用介质或设备将电能、化学能、电化学能、物理能（如热能、机械能等）等不同形式的能量进行存储，再将其转化成所需的能量形式加以利用的技术，通过灵活的能量转换实现产能和用能在时间和空间上的匹配。

储能的目的是解决能源供应和需求之间不匹配的问题，实现能源供需的平衡和能源的可持续利用，助力清洁、高效、可持续的能源发展。在可再生能源（如太阳能、风能等）领域，能源的产生具有间歇性和不可控性，无法实现持续稳定供应。通过储能技术，可以将在高峰期或可用时段产生的能源存储起来，在需要时释放，从而保障连续、可靠、稳定的能源供应。

（二）储能技术的发展历程

储能技术的发展历程较长，早期人们利用水坝来储存水能，并使用水轮机将水能转化为机械能，近代开始利用水力进行发电。但这种方法只适用于特定地区和水源充足的地区。19世纪，人们开始探索通过电化学反应来储能。英国科学家法拉第于1833年首次提出了电化学储能的概念，并于1859年研发出第一台可充电铅酸蓄电池，极大地推动了储能技术的发展。随着相关技术的发展，电池储能开始广泛应用于无线电通信和航空领域。然而，由于电池的容量有限且成本高昂，这种储能方式并不适合大规模、长时间应用。20世纪70年代后期，随着风能和太阳能等可再生能源的兴起，人们开始寻找更有效的储能方式并进行了不断探索，压缩空气、液化氢、液流电池等新型储能技术和设备不断涌现。进入 21 世纪后，锂离子电池以高效率、低成本和高功率密度的特点成为应用最广泛的新型储能方式，被普遍应用于便携式设备、电动汽车和分布式光伏系统中。此外，超级电容器、热储能等新型储能技术和设备也得到了广泛关注和应用。

二、储能技术的主要分类

从技术路线来看，按照能量储存方式的不同，储能可分为机械储能、电化学储能、化学储能、电磁储能、热储能五大类（见图 1-1）。机械储能包括抽水蓄能、飞轮储能、压缩空气储能、重力储能等；电化学储能主要包括锂离子电池储能、钠离子电池储能、液流电池储能等；化学储能包括氢储能、合成氨储能等；电磁储能包括超级电

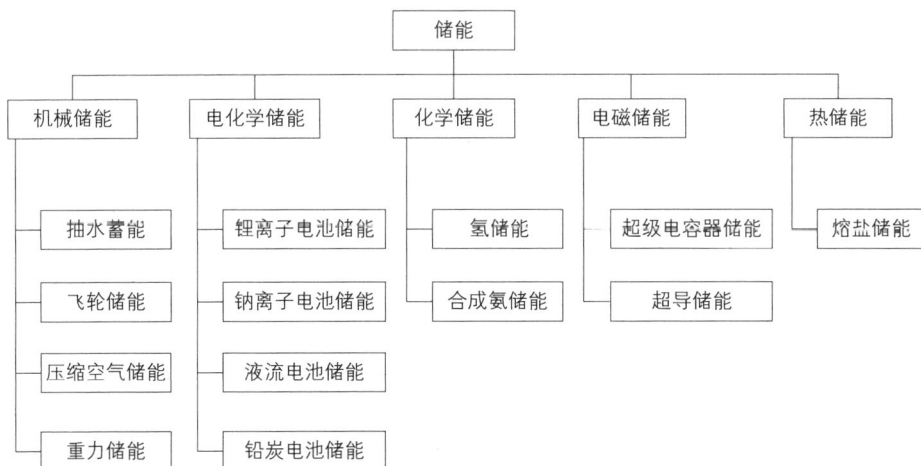

图 1-1 储能技术路线体系分类

资料来源：作者根据公开资料整理

容器储能、超导储能等；热储能现阶段以熔盐储能为主。其中，传统储能主要是指抽水蓄能，抽水蓄能之外的储能方式均称为新型储能。

此外，从功能需求来看，储能技术还可分为容量型储能技术（≥4小时）、能量型储能技术（约1~2小时）、功率型储能技术（≤30分）以及备用型储能技术（≥15分钟）四大类。容量型储能和能量型储能技术主要用于维持能源系统的稳定、不需频繁响应的场景，如系统调峰、系统备用等，以抽水蓄能、压缩空气储能、锂离子电池储能和氢储能为主。功率型储能和备用型储能主要用于提高电能质量，需要系统响应速度快、瞬时功率大、容量小的应用场景，以超级电容器储能、超导磁储能、飞轮储能为主。能量型储能与功率型储能不是一成不变的，也可以兼顾，如锂离子电池储能、超级电容储能等。

（一）机械储能

1. 抽水蓄能

抽水蓄能是以水作为储能介质，利用电力负荷低谷时的电能抽水至上水库，在电力负荷高峰期再放水至下水库发电，通过电能与势能相互转化，将电网负荷低时多余的低价值电能转化为电网负荷高峰时期的高价值电能，实现电能的储存和管理。抽水蓄能是现阶段技术最成熟、经济性最优、最具大规模开发条件的储能方式，与风电、太阳能发电、核电、火电等配合效果较好，有利于电力系统的稳定。当前，全球主要国家和地区仍对发展抽水蓄能产业持积极态度。

2. 飞轮储能

飞轮储能技术是一种新兴电能存储技术，通过在低摩擦环境中高速旋转的转子来存储动能。飞轮储能的电源系统主要由三部分组成：飞轮、电动机＋发电机、轴承。在"充电"时，电动机会发动使飞轮加速，将电能转化为机械能储存。当需要用电时，飞轮转速下降，通过发电机将机械能转化为电能给外部供电。整个飞轮储能装置处在封闭壳体中，提供高真空以减少阻力，保护转子系统运转。飞轮储能具有储能密度较高、能量转换效率高（可达90%）、充放电次数与充放电深度无关、无污染等优点。相比于其他储能技术，目前飞轮储能成本仍较高，装机规模在储能市场中的占比较小。但飞轮材料主要是钢材和电子元器件原材料，成本较低，大规模制造后成本可以下降。此外，由于设备可精确测量、机械损耗可以控制在较低水平，飞轮储能设备维护成本较低。

3. 压缩空气储能

压缩空气储能是一种以空气为储能介质的物理储能方式。它的工作原理是：当电力过剩时，将空气压缩储存到地下储气洞穴里（洞穴可以是盐穴、报废矿井、储气罐、山洞、过期油气井、新建储气井等），将电能转化为压缩空气势能。当需要用电时，高压空气经过加热进入膨胀机，变成常压空气的过程中带动发电机发电，空气压缩势能转化成电能输出。压缩空气储能具有规模大、寿命长、建设周期短、站址布局相对灵活等优点。

4. 重力储能

重力储能，是利用建筑物、山体、地形等高度差，通过将"重物"运上运下，实现电能和重力势能的转换，进而储电与发电。目前重力储能的主要形式有"搬砖储能"、矿井储能、活塞式储能、轨道机车储能、缆车储能等。"搬砖储能"系统转换效率为80% ~ 90%，寿命达25 ~ 40年。作为较为"冷门"的新型储能技术，重力储能具有建设周期短、转换效率高、寿命长、度电成本较低等优势。随着百兆瓦级项目的落地，重力储能也将逐渐走上商业化道路。

（二）电化学储能

1. 锂离子电池储能

锂离子电池是目前技术比较成熟、发展势头最为迅猛的电化学储能设备。锂离子电池，尤其是磷酸铁锂电池是安全性、能量密度、成本、发展路径等方面性价比最高的技术方向。根据工信部要求，储能型电池能量密度 ≥ 145W·h/kg，电池组能量密度 ≥ 110W·h/kg，循环寿命 ≥ 5000 次且容量保持率 ≥ 80%。我国锂离子电池储能时长仍以 1～2 小时为主，4 小时以上的项目开始增多，大电芯、高电压、水冷/液冷技术不断应用，锂离子储能系统正在向大容量、长储时方向持续演进。目前，锂离子电池已经能够进行大规模商业化应用，其成本受上游锂、钴、镍等原材料价格波动影响较大，未来随着上游原材料的规模化应用，以及锂离子电池储能效能的提升，其成本有望进一步降低。

2. 钠离子电池储能

钠离子电池的主要构成包括正极、负极、隔膜、电解液和集流体，依靠钠离子在正负极之间的嵌入和脱出来实现电能的存储和释放。与锂离子电池相比，钠离子电池虽然在能量密度和充电速度等方面有一定劣势，但在资源丰度、生产成本、稳定性等几个方面具备天然优势。首先，钠资源的地壳丰度是锂资源的 423 倍，全球分布较为均衡，且钠离子电池正极不需要使用钴、镍等稀有金属，降低了对原材料资源的依赖程度。其次，钠离子电池正极材料可采用锰酸钠、磷酸铁钠等较为廉价的化合物，集流体可采用价格较低的铝箔，因此钠离子电池的最终成本较锂离子电池可降低 30%～40%。此外，钠离子电池电化学稳定性较好，不易燃烧、爆炸，低温环境适应性好，热失控温度更高，使用、存储和运输的整体安全性较高。在储能领域，钠离子电池具有相对较高的能量密度和充放电效率，能够广泛应用在太阳能板、风力发电等可再生能源系统以及基站储能和家庭储能等领域。

3. 液流电池储能

液流电池通过液态电解液的注入以及活性元素的价态变化，实现电能与化学能之间的相互转换。与传统锂离子电池相比，液流电池具有安全性高、使用寿命长、扩容灵活、电解液可循环利用等优势，被视为当前最适合大规模长时储能的电池之一。目前，液流电池包括全钒液流电池、锌镍液流电池、铁铬液流电池等多种类型，其中全钒液流电池具有环境友好、安全性高、能量效率高等优势，成为现阶段在储能系统中应用最为广泛的液流电池之一。全钒液流电池的电解液可再生循环使用，其残值较高。全钒液流电池适用于储能时长4小时以上的储能系统，其初次投资成本随储能时长的增加而不断降低。从全生命周期成本来看，随着全钒液流电池储能时长的增加，系统实际成本将实现大幅度下降。

4. 铅炭电池储能

铅炭电池的原理是利用铅和炭的化学反应来储存和释放电能。在充电过程中，铅炭电池通过外部电源施加的电压使铅和炭发生反应，将电能储存在电池内部。而在放电过程中，电池内部的铅和炭通过化学反应释放出储存的电能。这种原理使得铅炭电池具有较高的能量密度和较长的循环寿命，适用于许多领域。

铅炭电池被广泛应用于家庭储能系统和电网储能系统中。在用户侧储能系统可以利用铅炭电池储存太阳能或风能等可再生能源，以便在晚上或无风天气时供应电能。电网储能系统可以利用铅炭电池储存电网的过剩电能，在电网负荷较大的时候释放电能，平衡电网供需，提高电网的稳定性。铅炭电池的优点之一是成本较低，制造工艺相对简单，因此在电力储能领域具有一定的竞争优势。此外，铅炭电池具有较高的安全性和可靠性，能够承受较大的电流和温度变化，在极寒或高温等特殊环境下仍能正常工作。

（三）化学储能

1. 氢储能

氢储能是指利用富余的低谷电力大规模制氢，将电能转化为氢能储存起来，在电力输出不足时通过燃料电池或其他方式将氢能转换为电能输送上网，发挥电力调节的作用，实现调峰填谷。在发电侧，氢储能可在"电–氢–电"转换过程中，用谷期富余的新能源电能进行电解水制氢并储存，促进可再生能源消纳，平抑出力波动、缩小与计划出力的误差。用电高峰时，存储的氢发电返回电网。广义的氢储能强调"电–氢"或"氢–电"的单向转换过程；在电网侧，氢储能可参与调峰辅助、负载均衡；在用户侧，可灵活自愿参与需求响应，用于峰谷套利，或作为备用电源以及离网电源使用。

氢储能受地理因素限制较小，可增加氢气储罐尺寸，以较低的边际成本，独立于发电和制氢的规模而扩大其储能能力，其储能规模和周期远超过压缩空气储能和抽水蓄能。在极端天气（连续多天无风、无光）、自然灾害或突发事件影响电网供电情况下，可通过氢能发电应对区域民生等用电需求问题，增强重要用户供应保障能力，增强电力供应的韧性。氢储能更适合 4 小时以上的长时间充放电，可以完成季节性能量时移。氢储能自放电率几乎为 0，可以适应长达 1 年以上储能且不受地域限制。液态氢能量密度大，约为汽油、柴油、天然气的 2.7 倍，电化学储能的上百倍，氢储能是少有的能够储存百兆瓦时以上规模的储能方式。氢气的运输方式较多，气氢输送、液氢输送、固氢输送均不受输配电网络的限制，可以实现跨区域调峰，而电化学储能电站受电网及运输的限制，难以发挥跨区域调峰作用。目前，氢储能用于跨区域储能比较可行的是远海风能开发。随着海上风电的大规模发展，海上电力尤其是深海可再生电力输送、消纳成为问题，利用海上风电制氢是解决海上风电大规模并网消纳难、深远海电力输送成本高等问题的有效途径。

2. 合成氨储能

合成氨是由氢气和氮气在高温高压条件下通过催化剂反应合成的一种化合物。它具有高能量密度、长期稳定性和可靠性等特点，适合用作储能介质。储能技术中的合成氨主要通过两个过程实现：合成过程和解吸过程。合成氨作为一种储能介质，在能源领域具有广泛的应用前景。合成氨可以作为可再生能源的储能手段，解决可再生能源波动性和间歇性的问题。当可再生能源产生过剩时，可以将多余的电能转化为氢气，然后与氮气反应生成合成氨，实现能量的储存。当能源供应不足时，可以通过上述反应的逆反应释放储存的能量，满足能源需求。然而，合成氨作为储能介质也存在一些挑战和限制。首先，合成氨的合成和解吸过程需要高温、高压条件，对设备和储存系统提出了较高的要求。其次，合成氨的储存和输送对安全性的要求较高。合成氨具有毒性和易燃性，需要采取相应的安全措施来保证储存和使用过程的安全性。此外，合成氨的储能系统成本较高，需要进一步降低成本才能推广应用。

（四）电磁储能

1. 超级电容器储能

电磁储能一般是指超级电容器储能和超导储能。超级电容器适合于短时大功率储能场景，能快速捕捉峰值功率释放的能量并在相对较短的时间内快速释放，在电网调频、混合储能和汽车领域具有广阔的应用前景。超级电容是功率型储能器件，与能量型锂电池可以实现互补。在独立储能场景下，超级电容在短时大功率、多次循环放电场景下更具经济性；在混合能源系统中，超级电容负责短时高功率峰值，锂电池负责长时低功率输出。

2. 超导储能

超导储能是利用超导线圈直接存储电磁能，需要时再使电磁能返回电网或其他负载的储能方式，具有反应速度快、转换效率高的优点，对于改善供电品质和提高电网的动态稳定性有巨大的作用。超导储能的优点很多，包括功率大、质量轻、体积小、损耗小、反应快等。由于原始材料及制作工艺、设备造价的限制，该储能方式尚未具备大规模商业应用的条件。

（五）热储能

热储能是以储热材料为媒介，将太阳能光热、地热、工业余热或将电能转换为热能储存起来，在需要的时候释放，以解决热能供给与需求不匹配的问题，最大限度地提高整个系统的能源利用率。热储能相比于电化学储能、电磁储能等其他储能技术路线，在装机规模、储能密度技术成本、使用寿命等方面具有明显优势。与压缩空气储能和抽水蓄能这两种机械储能技术相比，热储能技术具有占地面积小、成本低、储能密度高、对环境影响小、不受地理及环境条件限制等诸多优势。

现阶段，应用最广的热储能主要是熔盐储能，是通过熔盐在低温时吸纳能量，在高温时放出能量的低成本、高效率的储能技术。熔盐储能系统主要包括熔盐加热系统、熔盐储热系统、蒸汽发生系统，不仅可应用于太阳能热发电中，也可作为新型储能设施应用于以新能源为主体的新型电力系统中。同时，熔盐储能系统也是目前能够应用于火（热）电机组灵活性改造，实现冷热电多联供、提供综合能源服务的良好解决方案。

三、储能系统的主要应用场景

（一）储能技术的三大应用场景

现阶段，储能技术已广泛应用于电力系统、交通运输、工业生产和家庭生活等领域。从应用场景来看，可分为电源侧（或称为发电侧）、电网侧（包括输电侧、配电侧）和用户侧三类（见图1-2）。

电源侧对储能的需求场景类型较多，主要有两个应用方向。一是联合火电等常规电源调频，提升常规机组运行特性和整体效益；二是

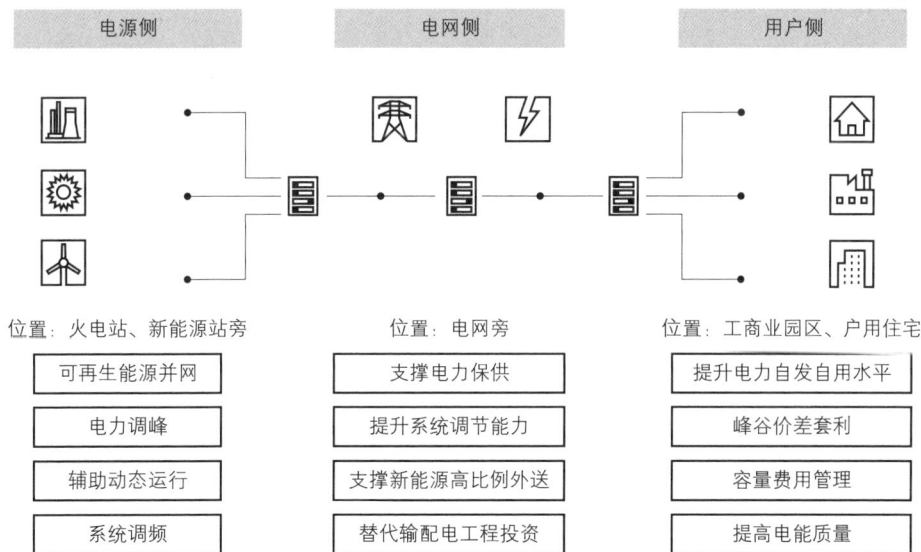

电源侧	电网侧	用户侧
位置：火电站、新能源站旁	位置：电网旁	位置：工商业园区、户用住宅
可再生能源并网	支撑电力保供	提升电力自发自用水平
电力调峰	提升系统调节能力	峰谷价差套利
辅助动态运行	支撑新能源高比例外送	容量费用管理
系统调频	替代输配电工程投资	提高电能质量

图1-2　储能系统在各领域的应用

资料来源：Wind

为新能源发电侧配置储能系统，实现平滑新能源功率输出，跟踪计划出力，减少"弃风""弃光"现象，提升电网的新能源消纳能力，同时参与电网辅助服务，提升新能源的调频调压能力。

电网侧储能主要用于输电网和配电网中，发挥支撑电力保供、提升系统调节能力、支撑新能源高比例外送以及替代输配电工程投资等作用。电网侧储能可实现电源和负荷间功率实时平衡，为电网提供辅助服务功能，主动实现有功、无功控制以改善供电品质，提升供电可靠性、延缓配网改造等功能。

用户侧储能主要是指工商业用户侧配置储能，可用于电力自发自用、削峰填谷、峰谷价差套利、延缓变压器扩容、需求侧响应、备用电源、能量管理和提高供电可靠性等。用户侧工商业储能可用于工厂的能源管理和节能减排、光储充一体站、家庭光伏系统、智能家居等方面的能源供应和管理。

（二）各类储能技术的应用特征

各类储能技术主要在储能时长和能量密度上区别较大，根据时长不同，储能技术可以分为毫秒至分钟级的超导磁储能、超级电容器储能和飞轮储能，数十分钟至数小时的电化学储能和压缩空气储能，以及数天至更长时间的抽水储能和热储能等。不同的储能技术不仅有时长上的区别，其在电力系统中的应用也各有不同。比如，毫秒级电网调频可以通过超级电容和电化学储能来实现，小时级别的电化学储能可以应用于电网调峰，而热储能则更适合用于低谷电力调峰。因此，各种储能技术都有其应用场景和优缺点，需要在具体的电力市场需求下进行选择和优化。

然而，在实际应用中，储能的某一功能应用并不局限于单一应用场景，以平滑输出、跟踪出力计划为例，可同时应用于电源侧、电网侧和用户侧。从新型储能的应用分布上看，电网侧的新增装机规模最大，占据新型储能一半以上的市场份额。据统计，电网侧项目中有60%以上的份额来自独立储能。

四、储能产业发展的重要性和紧迫性

（一）发展储能产业是推动"双碳"目标实现的重要支撑

随着传统化石能源的逐渐枯竭，全球能源供应面临着巨大的挑战。传统的能源供应方式已经难以满足日益增长的能源需求，同时，化石能源的开采和使用也带来了严重的环境问题，如气候变化、空气污染等。因此，发展可再生能源已成为各国的共同选择。太阳能、风能等可再生能源具有清洁、环保、可持续等诸多优点，无疑是未来能源供应的主要方向。实现"碳达峰、碳中和"目标，已成为我国长期发展战略，这就要求大幅度降低化石能源的使用，并提高清洁能源的比重。低碳清洁能源作为电力供应核心的能源结构已成为明确趋势和全球共识，要加快调整优化能源结构，构建以新能源为主体的新型能源系统。储能技术作为一种高效、清洁的能源利用方式，能够在能源转换和利用过程中提高效率、减少排放，助力实现减排目标。同时，储能产业的发展还能够促进相关产业链的绿色化，推动整个经济体系的低碳转型。

（二）发展储能产业是提升国家能源战略地位的重要途径

随着全球对清洁能源需求的日益增长，能源转型已成为必然趋势。储能技术作为能源转型的重要支撑，能够有效解决清洁能源的间歇性和不稳定性问题，提高能源利用效率，推动能源结构的优化和升级。储能产业的发展水平直接关系到国家的能源安全和经济竞争力，储能技术已成为国际竞争的重要领域。加速推进发展储能产业不仅能够提升国内储能技术水平和产业实力，还能够积极参与国际竞争，扩大全球能源市场份额，增强国家在全球能源市场的话语权和影响力，提升国家的战略地位。

（三）发展储能产业是促进产业链协同发展的创新驱动力

储能产业的发展将带动材料、设备、制造等相关产业的进步，形成产业链上下游的良性互动，不仅能够推动相关产业的创新升级，还能够创造更多的就业机会，推动整个产业链的协同发展。一方面，储能技术的不断创新，对材料科学、电化学等领域提出了更高要求，这将推动相关材料研发的不断突破，进而提升储能设备的性能与效率。另一方面，储能产业的快速发展将催生大量设备需求，为设备制造业带来广阔的发展空间。同时，储能项目的建设也将拉动制造业的发展，推动产业升级和转型。储能产业的不断壮大，将吸引更多的资本和人才投入，形成产业集聚效应，进一步推动区域经济的繁荣。此外，储能技术的广泛应用，还将带动能源、交通、建筑等多个领域的变革，为整个社会经济的可持续发展注入新的动力。

（四）发展储能产业是构建新型电力系统的关键环节

随着新能源产业的发展，传统的电力体系已难以满足新型电力体系的需求。储能技术具有有效和控制灵活的优点，使可再生能源能够更好地融入电力体系，对于解决电力系统稳定性问题具有天然优势。储能技术可以作为连接协同不同能源和电力系统的桥梁，促进可再生能源与传统能源的互补和融合，推动能源结构的优化和调整，为构建新型电力体系提供有力支持。传统的电力系统往往是刚性的，难以适应多变的市场需求和能源供应情况，而储能技术则能够使电力系统更加灵活和智能化，能够使电力企业根据实际需求进行快速响应和调整，不仅能够提高电力系统的运行效率和可靠性，还能够为用户提供更加优质的电力服务。此外，储能技术还能够作为能源互联网的重要组成部分，实现能源的分布式存储和共享，提高能源利用效率。因此，发展储能产业有助于推动能源互联网的建设，加快能源体系的现代化进程。

（五）发展储能产业是保障电力供应安全稳定的重要手段

当前以清洁可再生能源为主的能源结构存在一系列挑战。由于天气条件、地理位置、设备运行状态等多种因素的影响，可再生能源的发电量往往难以精准预测和控制，存在波动性和间歇性，这就导致电网在接收这些能源时，面临供电波动大、稳定性差的问题，其供电过程会使消纳端承压，引发"弃风""弃光"现象，也难以解决居民及第三产业用电量增加导致的负荷波动问题，对电网的安全稳定运行影响较大。尤其是在用电高峰时段，若可再生能源供电不足，电网将难以维持稳定运行状态，甚至可能出现断电等严重情况。储能技术的出现，为解决这一问题提供了有效的途径，不仅有助于解决可再生能源的间歇性和波动性问题，还能有效提升电力系统的稳定性和安全性。运用储能技术可在用电低谷期，即可再生能源发电量超过电网需求时，将多余的能量储存起来。当供电高峰期到来，即可再生能源发电量不足时，储能系统便能够释放之前储存的能量，为电网提供稳定的电力支持。这样，不仅能够平衡电网的供需关系，还能提高电网的稳定性和可靠性。此外，储能技术还具备应对突发事件和自然灾害等不可预测情况的能力。在突发事件或自然灾害发生时，电网往往会出现供电中断或不稳定的情况。此时，储能系统可以作为备用能源，为关键设施和区域提供持续的电力供应，保障社会的正常运转所需要的能源供给，为能源安全提供有力保障。因此，发展源网荷储一体化和多能互补是实现电力系统安全稳定的重要举措。

综上所述，发展储能产业对于应对能源危机、保障能源安全、推动能源结构调整、构建新型电力系统、保障新能源消纳以及实现可持续发展等都具有重要的作用。因此，要进一步加大对储能技术研发和示范应用的支持力度，加快储能产业发展进程，为实现"双碳"目标提供有力支撑。

第二章
全球储能产业进入
快速发展阶段

一、全球储能技术发展趋势

（一）主要国家和地区储能技术发展情况

从全球来看，欧洲、美国、日本、韩国等国家和地区储能产业发展较早，结合其产业技术现状和资源禀赋特点进行了多场景应用开发，在储能功能布局和形式上形成了一批领先产品。

在储能功能布局方面，美国、韩国的电池企业已拥有针对不同能量型和功率型的储能产品。独立储能系统运营商 PJM 和 CAISO 分别是美国储能功率规模和能量规模最大的龙头企业。韩国 LG 化学（LG 集团子公司）、三星 SDI（三星集团电子领域附属企业）、Kokam 等则是具有针对应用场景开发高品质产品能力的储能龙头企业。

在储能形式开发方面，欧洲、美国、日本和韩国在飞轮储能、储热蓄冷、钠硫电池储能、全钒液流电池储能、氢储能、钛酸锂电池储能等领域处于领先水平。各类储能形式的典型企业如表 2-1 所示。

表 2-1　各类储能形式的典型企业

储能形式	典型企业
飞轮储能	美国 Beacon Power LLC、VYCON，瑞士 ABB，德国 Piller 等
储热蓄冷	美国 Dresser-Rand、Ice Energy
钠硫电池储能	日本 TEPCO、NKG，美国 Ford
全钒液流电池储能	加拿大 VRB PowerSystems，日本住友电气工业公司
氢储能	日本的三洋株式会社、加拿大 Hydrogenics、加拿大 Ballard 和美国 GM 等
钛酸锂电池储能	美国奥钛纳米科技公司、韩国 LG 化学株式会社

资料来源：作者根据公开资料整理

（二）未来储能技术发展趋势

1. 美欧加速储能电池制造业产业回流

作为国外最具活力的两大储能市场，美国和欧洲已经连续三年新增储能装机规模达 GW 级以上，据美国能源信息署（EIA）预计，到 2025 年美国电池储能累计装机规模将达到 30GW；据欧洲储能协会（EASE）预测，到 2030 年欧洲的电池储能需求将达到 67GW。与此同时，美国和欧洲还是全球汽车大市场，电动汽车的快速发展带动了对动力电池与日俱增的需求。根据国外媒体的相关数据，2030 年美国动力电池需求将超过 1.8TW·h，欧洲动力电池需求也将达到 1TW·h，市场空间巨大。

根据 IEA 的数据，中国在全球关键材料、相关组件电池制造等环节的份额均超过 60%，占据主导地位。近年来受新冠疫情影响，特别是在能源危机以及全球碳中和进程加速的背景下，美国和欧洲电池供应链的短板问题进一步凸显，对他们来说，摆脱依赖、保证供应链的充足稳定是当务之急。近两年，美国和欧洲陆续采取了一系列措施，不断增加资金投入，旨在打造本地制造的、可持续的、有竞争力的供应链体系，届时全球的电池供应链或将呈现新的格局。

2022 年 2 月，美国能源部（DOE）发布两份资助机会公告（FOA），将投入 29.1 亿美元为电池材料精炼和生产工厂、电池和电池组制造设施以及回收设施等全产业链提供资金支持，这对未来快速发展的清洁能源行业（包括电动汽车和储能）至关重要。同年 8 月，DOE 公布了最新资助名单，有 21 个项目进入《两党基础设施法案》提供的 28 亿美元资金拨付计划。11 月，DOE 再次通过《两党基础设施法案》提供的 7400 万美元，资助 10 个电池回收和再利用的项目。这些举措旨在加快在本土建立一个强大、稳固、可持续的供应链体系，确保电池供应链关键环节的"美国制造"，以支持美国长期的经济竞争力、实现能源独立性和脱碳，并满足国家安全的需求。

2022 年 12 月，欧洲议会和欧洲理事会就《新电池法》达成临时协议，旨在促进投放到欧盟市场的电池更具安全性、可持续性和可回收性。立法首次规范电池"从生产到再利用和回收"的整个生命周期，并确保它们是安全的、可持续的和有竞争力的，这项协议适用于包括储能电池在内的所有电池。《新电池法》生效后，从 2024 年起欧洲将逐步引入对碳足迹、回收成分以及性能和耐久性的可持续性要求。这也意味着中国企业向欧盟出口的动力电池的碳足迹要向欧盟汇报，且要根据欧盟的计算法则计算碳足迹。

2. 长时储能市场进入创建期

长时储能技术有助于缓解可再生能源电力的供应压力，并扩大清洁能源的使用范围。《麻省理工科技评论》发布的 2022 年全球十大突破性技术中，就有长时储能的一席之地。根据长时储能理事会（LDES）划分，长时储能市场的发展将分为三个阶段，分别是创建阶段（2024—2025 年）、增长阶段（2025—2030 年）和成熟阶段（2030—2035 年）。未来，各国政府将从技术研发、产能落地、场景示范、应用创新等层面，不断推动长时储能应用发展。

一是政府继续加大资金支持力度，加快推进技术研发与示范应用。2022 年，英国商务能源与产业战略部（BEIS）宣布，拨款 6800 万英镑用于支持储能等技术研发。其中，第一阶段资金 670 万英镑用于支持 24 项长时储能技术的研发，第二阶段资金 3290 万英镑拨付给 5 项技术。2022 年 5 月，美国能源部通过《两党基础设施法案》。根据该法案，美国四年内将拨款 5.05 亿美元，支持长时储能技术开发。

二是产能步入落地期，保障增长阶段的供应能力。铁基液流电池公司 ESS 位于澳大利亚昆士兰州马里伯勒的电池工厂已开工建设，计划 2024 年投产，2026 年实现产能 400MW，该工厂是目前澳大利亚唯一的铁基液流电池工厂。全钒液流电池公司 Cellcube 计划在澳大利亚东部建设年产能 1GW/8GW·h 的电池工厂。铁空气电池公司 Form Energy 拟在美国西弗吉尼亚州韦尔顿建设其第一家工厂，总投资 7.6 亿美元，计划于 2024 年投产。

三是示范特殊场景，验证技术能力。洛克希德－马丁将在美国卡森堡军事基地开展液流电池的示范应用，是目前美军基地建设的最大长时储能项目，规模为 1MW/10MW·h，验证其在供电可靠性方面的能力，特别是在因极端天气或网络受到攻击而引起的停电阶段，长时储能项目要提供充足的备用电源，保证军事设施的正常运转。

四是多种技术实现创新和应用突破。全球首个基于沙石的储热系统在芬兰投运。该系统由 Polar Night Energy 开发，易于建设，成本低，主要是将上百吨的沙石放置在 1 个钢制集装箱内，利用可再生能源发电将其加热到 500℃ ~600℃，储能规模为 100kW/8000kW·h，供当地区域供暖系统使用。芬兰冬天漫长而寒冷，特别是在俄罗斯中断天然气供应后，这套系统在芬兰极具应用推广价值。2022 年 11 月，澳大利亚 Green Gravity 公司对外宣称，将利用 30 吨的钢卷在矿井中开展重力储能试验。另外，该公司还选择了 175 个可能开展重力储能应用的场地，总能量可达 3GW·h。2022 年 12 月，荷兰公用事业公司 Eneco 和欧洲能源公司 Corre Energy 签署一项协议，在荷兰格罗宁根部署一个 320MW、持续时长 84 小时的压缩空气储能项目，建成后将成为全球持续时间最长的压缩空气储能项目。

3. 构网型储能技术是构建下一代可靠高效运行电网的关键技术

2022 年 12 月，澳大利亚可再生能源局（ARENA）划拨 1.76 亿澳元用于支持 8 个电池储能项目，储能规模达到 2GW/4.2GW·h。这些项目全部为构网型储能新建或改造项目，单个项目规模均在 200MW 以上。此前，ARENA 已经陆续支持过几个构网型储能项目，包括位于南澳的 Tesla-Hornsdale 项目、AGLEnergy 托伦斯岛项目等。

构网型储能受关注度不断提高，除了澳大利亚，美国能源部划拨 2500 万美元支持通用"构网型逆变器联盟"（UNIFI），以推进"构网型"技术应用。该组织由美国国家可再生能源实验室（NREL）、美国电力科学研究院（EPR）和华盛顿大学主导，其主要任务之一是开发基于逆变器的下一代电网所需硬件互操作标准，这也是任何新兴技术应用于电网的关键。SMA、日立能源、施耐德电气、西门子能源、通用电气、丹佛斯、伊顿等国际知名企业都有兴趣参与其中。

构网型储能技术是确保高比例可再生能源电力系统稳定的关键技术之一。与跟网型储能技术相比，构网型储能可以提供同步电压电流，为电网提供虚拟惯性。此外，在极端环境下构网型储能还可以提供故障穿越、黑启动及有功无功稳定功能。同时，构网型储能能够减少备用线路的改造需求，保障电网稳定，最终实现 100% 可再生能源供电。未来，构网型储能技术将在下一代电网中发挥重要的作用。

二、主要国家和地区储能产业战略导向及支持政策

当前，世界主要国家和地区通过制定国家战略、产业政策以及标准法规等方式加快储能产业特别是新型储能产业布局，积极培育储能产业竞争力，抢占制高点。

（一）欧洲

1. 可再生能源激励政策

欧洲相关政策要求扩大可再生能源的普及范围，促进了储能产业

的发展。2021年7月，欧盟提出"Fit for 55"计划，明确指出欧盟地区2030年可再生能源发电量要达到40%以上，并提出了欧盟碳排放权交易体系、成员国的减排目标、碳边境关税调节机制、可再生能源指令等一揽子计划。2022年5月，欧盟发布REPower EU计划，提出到2030年可再生能源发电量占比提升至45%，可再生能源装机容量目标提升至1236 GW。该计划还提出，将针对某些类型的屋顶强制安装光伏，有望进一步提升储能装机需求。在可再生能源发展目标的激励下，欧洲各国开始制定储能发展规划。希腊和意大利分别提出到2030年安装6GW和3GW电池储能的规划。

2023年12月，欧盟理事会发表声明，就《净零工业法案（草案）》达成一致立场。该法案对欧盟本土清洁能源技术的制造提出目标：2030年欧盟40%清洁能源技术在欧盟制造。其中，光伏本土制造能力需满足欧盟年新增装机的40%，电池方面的本土制造能力需满足欧盟年新增装机的85%。此外，欧盟还提出了一项分阶段屋顶光伏立法。到2026年，所有屋顶面积大于250平方米的新建公共建筑和商业楼必须安装屋顶光伏，所有符合条件的现存楼栋则需要在2027年安装完成，2029年后所有的新建住宅楼都要强制安装屋顶光伏。

2. 储能电池产业链本土化要求政策

欧盟还实施了一系列措施以加快欧盟储能及电池产业链本土化。2022年3月，欧洲电池联盟（EBA）提出制定完善欧洲电池产业链的加速行动计划，要求到2025年和2030年分别通过本地制造满足当地电池需求的69%和89%。

2023年2月，欧盟委员会发布《绿色协议产业计划》，拨款2500亿欧元，用于提高净零技术的竞争力。在该计划之外，欧盟还推出了"创新基金"以及《净零工业法案（草案）》《欧洲关键原材料法案》等法规。"创新基金"将在未来十年内提供 400 亿欧元，支持电池、风能、太阳能、电解槽、燃料电池和热泵等关键部件制造，加强净零技术供应链建设。《净零工业法案（草案）》提出，到 2030 年欧盟的电池制造能力要能满足欧盟至少 85% 的电池年度需求。《欧洲关键原材料法案》旨在保障稀土和锂等关键原材料供应，其目标包括：到 2030 年每年在内部生产至少 10% 的关键原材料，加工至少 40% 的关键原材料，回收 15% 的关键原材料；在任何加工阶段，来自单一第三方国家的战略原材料年消费量不应超过欧盟的 65%。

3. 财税支持政策

德国作为欧洲储能建设主力国家，对户储的支持较早，出台了融资、税收、补贴等方面的多项政策，支持户储发展。

目前，德国针对户储的最新支持政策主要有两项。一是德国《可再生能源法》（EEG 2023），针对户用光储上调了余量上网电价，上网补贴最高可达 13.4 欧分 /kW·h，针对户用储能支付税费的装机上限由 10kW 提升至 30kW。二是 2022 年 12 月通过的《2022 年年度税法》，规定 2023 年起对安装不超过 30 kW 屋顶光伏的单户住宅和商业物业的发电收入免除所得税（2022 年德国个人所得税率为 14% ~ 45%）。对于多户连体建筑，每个住宅或商业单元的免税容量上限为 15 kW，每个纳税人或合作企业的免税容量上限为 100 kW，购置户用光储系统免除增值税（约 19%）。该项政策能够进一步减轻用户采购并安装屋顶光伏和户用储能系统的成本负担。两项政策通过提升售电收益、降低系统成本的方式，缩短了户用光储设备的回本周期，从而提升了德国户储的经济性。

2022 年 2 月，英国商业、能源和工业战略部宣布拨款 3960 万英镑，用于支持英国的创新性长时储能技术项目。目前，英国已经筛选出首批 24 个项目，资金支持总额为 670 万英镑，覆盖无隔膜绿氢电解槽、重力储能、全钒液流电池、先进压缩空气储能、海水＋压缩空气联合储能等技术路线。

4. 市场规则政策

在身份属性方面，2022 年 6 月德国联邦议院通过法律修正案，将储能定义为"所发电力不是即发即用，而是被推迟至某一时间段实现最终使用"的一种资产，赋予储能系统法律定义可以简化储能系统的注册程序，为大规模储能项目参与电力市场扫除身份障碍。

在准入门槛方面，2020 年 7 月，英国取消电池储能项目容量限制，允许英格兰和威尔士地方规划部门分别部署规模超过 50 兆瓦和 350 兆瓦的储能项目（此前只有中央政府可以批准），英国电网中电池储能项目数量快速增加。

在参与市场服务的产品方面，2013 年英国推出电力市场改革政策，先后引入容量市场、频率响应、平衡备用等细分市场。目前，储能可以参与的已运行或正在推出的电力市场辅助服务产品超过 20 种，且英国还在根据电力系统的变化不断探索新的服务产品，为储能参与电力市场提供了多种可能性。

（二）美国

1. 财税补贴政策

2022 年 8 月，美国发布《通胀削减法案》[①]，计划在 10 年内向能源安全和气候变化领域投资 3690 亿美元，主要用于清洁用电和节能减排相关活动、增加可再生能源和替代能源生产补贴、对个人使用清洁能源提供信贷激励和税收抵免、对新能源汽车发展提供支持等。这一举措旨

---

① 该法案中有多项贸易歧视性和扭曲性补贴措施，以及扰乱全球半导体产业链和供应链的一系列政策措施。本书仅就其中可供我国参考借鉴的内容进行描述，以助我国在相关方面做得更好。——编者注

在推动经济低碳化或脱碳化发展，提升能源使用效率，降低能源成本。

为了实现清洁能源转型和碳中和目标，美国从 2006 年开始对光伏系统进行 ITC 政策补贴（太阳能投资税减免政策），长期以来储能作为光伏系统的一部分可获得税收抵免，单独的储能系统无法获得税收抵免。《通胀削减法案》将独立储能纳入抵免范围（工商业储能 >5 kW·h、户用储能 >3 kW·h），同时将 ITC 补贴时间延长到 2035 年，2033 年开始退坡，并提升了抵免上限。对于规模大于 1 MW 的表前储能和工商业储能，需要满足现行工资和学徒制才能获得全额基础税收抵免，否则将只能获得 6% 的基础抵免。此外，符合一些特殊标准的储能项目，还可以获得额外的税收抵免。《通胀削减法案》实施后，采用美国生产材料或设备的相关储能项目，可以获得 30% 以上投资税收抵免，将投资成本降低约 1/3，该补贴将持续到 2034 年。

为了实现清洁能源转型，美国还加大了对长时储能的支持力度。2022 年 11 月，美国政府启动长时储能示范资金，为能够提供 10～24 小时或更长时间电力的新型长时储能示范项目提供高达 3.5 亿美元的资金支持。该资金为每个项目提供最高 50% 的资金，主要用于验证新技术，提高用户和社区进行高效电力存储的能力，并保持美国在储能领域的领先地位。

2023 年 3 月 8 日，美国能源部官网发布消息称，将投资 2700 万美元，用于推动新型储能技术突破与商业化落地。消息显示，美国能源部计划向"储能创新 2030"（STORAGE INNOVATIONS（SI）2030）项目投资 1500 万美元，用于加强企业间合作，共同解决技术难题；向"储能演示与验证"（ENERGY STORAGE DEMONSTRATION AND VALIDATION）项目投资 1200 万美元，推动大规模锂离子电池储能项目和液流电池储能项目商业化运行。

2. 支持储能产业链本土化政策

近年来，美国发布了一系列政策，支持国内电池及储能产业链发展，防止全球供应链中断和价格上涨带来的供应安全问题及成本增加。2022 年 2 月，美国能源部发布了《美国确保供应链安全以实现稳健清洁能源转型的战略》。这是美国第一个确保安全和提高能源独立性的全面计划，对核能、碳捕捉、储能等 13 个能源领域的供应链开展深入评估。《通胀削减法案》规定，超过 600 亿美元将会被用于支持本土清洁能源和运输技术的供应链清洁能源设施建设，力图减少对国外的依赖。2022 年 10 月，美国政府发布推动美国电池制造业和高薪工作情况介绍，宣布美国能源部将根据《两党基础设施法案》向 12 个州的 20 家制造和加工公司提供 28 亿美元的赠款，同时还公布了美国电池材料倡议，旨在动员整个政府确保用于能源、电力和电动汽车关键矿物的可靠和可持续供应，提高美国的能源独立性。

3. 地方储能支持政策

美国各州政府纷纷出台了储能相关支持政策，且具有独立性。其中，加利福尼亚州发布了《AB2625 法案》《储能增强提案》和《净能源计量 3.0》（NEM 3.0），提出储能项目可获得项目豁免、减少审批流程、加大获利能力等。纽约州制定了《纽约州 6GW 储能路线图》，提出将在 2030 年实现 6GW 的储能目标。新泽西州发布了《新泽西州储能激励计划（SIP）提案》，提出将以固定年度激励和储能充放电补偿的形式进行支持。

（三）日本

2020 年日本发布《绿色增长战略》，对新型电池技术等能源相关领域作出规划。2021 年《日本基本能源计划》经历第六次更新，鼓励可再生能源发展，激发储能行业需求。2022 年 8 月，日本发布《蓄电池产业策略》。为完善蓄电池制造和利用环境，日本将在电动汽车和储能等领域投资约 240 亿美元，目标是到 2030 年日本电动汽车和储能电池行业的产能达到 150GW·h，全球产能达到 600GW·h。

电池储能系统在日本仍处于起步阶段，日本政府把握了这一行业在支持间歇性可再生能源为电网供电方面的必要性。因此，日本政府调整了立法，允许独立的电池储能系统并入电网，随后宣布了 130 亿日元预算用于资助补贴，助力电池开发。其中，独立的 1MW~10MW 电池储能项目将有权获得总建设成本的 1/3 的补贴，10MW 以上的电池储能项目将获得高达 50% 的建设成本补贴。

这项补贴的主要优势在于可以与新的"可再生能源固定价格收购"制度一起使用。这将允许开发商在高需求时段灵活发电，同时也能获得盈利。然而，为了使储能产业真正发展起来，实现更高的电网发电灵活性，需要更多的补贴来激励储能系统在日本的增长。目前，日本已经有一些计划利用储能系统的项目，例如 Orix 和关西电力公司在和歌山的 40MW 电池储能项目，以及三菱和九州电力公司在全九州开发电网规模电池的联合开发项目，这些项目都取得了进展。

2023 年 1 月，日本政府提出 2023 年储能电池补贴方案，将投入大约 170 亿日元。2023 年补贴拟自主新增的储能电池项目，实现电化学整体储能项目的供需平衡，满足电化学储能市场在电力现货市场中的交易需求。

日本新修订的《电气事业法》和《节能法》强化了对企业高峰用电的控制，明确了储能在电力市场中的地位。2023 年 3 月，日本公布了电网扩张总体规划，预计到 2050 年将投资 6 万亿~7 万亿日元。在未来几十年，日本将主要采用太阳能发电设施和风力发电设施的电力，石油和液化天然气的价格预计将因此下降。

自 2005 年起运营的日本电力交易所是亚太地区最成熟的能源批发市场之一。该市场在一天中设置不同的电价以激励低成本使用，这使电池储能系统可以在电价较低的时期采用电网的电力充电，在电力需求峰值期间（电价较高的时期）放电。这一过程使电池储能系统能够通过能源套利赚取收入。

同时，日本新的辅助服务市场将于 2024 年推出，并为储能系统提供额外的收入来源。一个新的低碳容量市场将允许持续时间为三小时的电池储能系统参与拍卖，并于 2027 年或更早交付。这些容量合同将能够降低商业风险，提高可融资性。

随着越来越多的电池储能系统进入市场，辅助服务市场的数量和价格可能会相互蚕食。从长远来看，对电池储能系统来说，将减少其最有价值的收入来源。日本的电力批发市场也存在一些风险，能源套利的溢价受到监管机构的影响，目前尚不清楚监管机构将如何在未来 10 年设定其价格。

此外，日本的容量市场目前仅限于持续 3 小时的电池储能系统，其整体收入叠加的不确定性可能使投资者在采购大型电池储能系统时持谨慎态度。

（四）韩国

2020 年 10 月，韩国承诺到 2050 年实现净零排放。电力系统是韩国最大的排放源，2019 年其电力系统排放量占全国排放量的 37%。实现净零排放目标，电力系统脱碳十分关键。韩国的目标是在保障电力安全的前提下，以具有成本效益的方式减少电力系统的排放。

增加可再生能源发电是韩国实现电力系统脱碳的重要路径之一。2022 年 1 月，韩国明确"2030 国家自主贡献"减排目标，计划到 2030 年将可再生能源发电量增加到 185.2 TW·h，相当于从 2021 年 12 月起年均增长 18%。在《第九次电力供需基本计划（2020—2034 年）》中，光伏和风能发电是可再生能源增长的主要驱动力，对整体发电量增长的贡献率为 83%，2034 年可变可再生能源（VRE）发电量在总发电量中的占比将达到 20%。韩国碳中和战略（CNS）提出了实现电力系统脱碳的原则，包括增加灵活资源和电存储，以及在电力市场中引入实时市场和辅助服务市场，确保系统的稳定性。

韩国通过长期合同等电力市场试点来鼓励新增装机，还产生了对特定时长储能电池的需求。韩国产业通商资源部的目标是，到 2030 年短时储能和长时储能项目合计装机容量 4.26GW/14.4GW·h，到 2036 年为 26.2GW/120GW·h。到 2036 年，韩国还计划新增 1.75GW 的抽水蓄能装机。

根据按时长划分的发展目标，到 2036 年实现 3.66GW/1.83GW·h 的 30 分钟短时储能装机。2036 年的长时储能目标为四小时、六小时和八小时储能系统的总装机容量达 20.85GW/118.76GW·h。长时储能系统应有助于能量时移和减少可再生能源发电的弃用行为。

韩国政府希望通过启动新的市场机制和收入来源来促进储能项目参与韩国电力市场。首先，政府将启动一个新的"低碳中央合同市场"，允许储能项目与韩国电力交易所签订为期 15 年的合同，提供电网稳定服务。其次，韩国计划为与可再生能源共址的储能系统引入新的收入来源。随着以可再生能源证书形式的慷慨补贴在 2020 年逐步取消，共址储能项目的新增装机容量直线下降。最后，政府将允许储能运营商绕过国有公用事业公司韩国电力，向终端消费者（如企业清洁能源买家和虚拟电厂运营商）出售存储的电力。

韩国的目标是保持其在锂离子电池领域的全球竞争力，同时加快长时储能替代技术的开发，以期成为第三大储能出口国。政府将重点支持用于中期储能解决方案的抽水蓄能、液流电池和钠硫电池，以及用于长期储能解决方案的压缩空气储能和卡诺电池。从全球范围来看，目前最重要的长时储能技术是液流电池和压缩空气储能。

（五）澳大利亚

1. 储能规划相关政策

2022 年 6 月，澳大利亚电力市场运营商发布 2022 年综合系统计划（ISP），提出为实现净零排放，到 2050 年需要公用事业规模的可再生能源容量增加 9 倍，分布式光伏容量增加近 5 倍，对具有调节作用的储能需求也将大幅增长。澳大利亚国家电力市场将利用一系列不同类型的储能来调节电力平衡，主要包括分布式储能、协调控制分布式储能（包括虚拟电厂安装的用户侧电池、具有 V2G 功能的电动汽车）、短时储能（储能时长小于 4 小时）、中等时长储能（储能时长 4~12 小时）、长时储能（储能时长大于 12 小时）和 Snowy 2.0（抽水蓄能），2050 年装机规模分别达到 14GW/29GW·h、31GW/108 GW·h、1GW/1GW·h、9GW/70GW·h、4GW/111GW·h 和 2GW/349GW·h。分布式储能和协调控制分布式储能主要调节用户侧电力需求，短时储能主要调节电力供应的短时平衡，中等时长储能主要调节光伏和风能发电的日度变化，长时储能和 Snowy 2.0 主要调节可再生能源的季节性变化。ISP 的发布可以更好地引导储能投资方向，降低可再生能源消纳成本，提升电力系统可靠性和安全性。

2. 财税支持政策

2022 年 7 月，澳大利亚政府推出了《2022 年澳大利亚可再生能源机构修正案》。该法案拓宽了澳大利亚可再生能源署（ARENA）的任务范围，允许该机构支持能源效率和电气化技术。未来，ARENA 将持续支持超低成本太阳能、大规模储能、绿氢等可再生能源技术。2022 年

10 月，澳大利亚政府宣布在 2022—2023 年联邦预算中为 ARENA 提供新的资金，包括支持能源安全和可靠性、家用光伏社区电池、原住民社区微电网计划等方向。其中，支持能源安全和可靠性这一方向获得 6000万澳元，用于大规模电网侧储能电池项目；家用光伏社区电池方向，将获得 1.884 亿澳元支持，以帮助澳大利亚各地推出 342 个社区电池；原住民社区微电网计划方向将获得 8380 万澳元，用于在原住民社区开发和部署微电网技术。2022 年 12 月，ARENA 宣布向全国范围内 8 个电网侧大规模电池储能项目提供 1.76 亿澳元的有条件资金支持，资金额度比 2021 年 12 月启动时增加了 0.76 亿澳元。该轮资金支持计划旨在支持电网侧电池储能项目配备先进的构网型逆变器，使电池能够提供类似传统能源且通过同步发电提供的基本系统服务。

除了电池储能技术，澳大利亚政府也为其他储能技术路线提供资金支持。在压缩空气储能方面，2022 年 10 月，ARENA 有条件地批准 4500万澳元的资金，支持 Hydrostor 公司建设 200MW/1600MW·h 先进压缩空气储能项目。在氢能方面，2022 年 10 月，ARENA 向两家企业提供了 1370 万澳元的资金，以支持其部署 500 兆瓦制氢电解槽，替代 IPL 吉布森岛氨工厂目前的氢气来源。在热储能方面，2022 年 8 月，ARENA为一家企业提供 127 万澳元的资金，以支持其创新热储能技术，建设500kW/5MW·h 的试点装置。按照 2022 年的澳大利亚能源计划，2.243亿澳元将用于家庭太阳能的社区电池储能补助计划。此举提供 400 个社区规模的电池储能系统，使多达 10 万个澳大利亚家庭受益，居民可以分享当地屋顶太阳能的价值以及电池储能本身。澳大利亚多个州为户储系统提供补助以降低安装成本。各州使用的政策多为直接提供购买回扣或者给屋主提供零息贷款用于购买储能设备。在补贴项目的支持下，家庭安装户储更具有可行性与经济性，户储安装量快速增加。

三、主要国家和地区储能产业发展情况

（一）全球储能产业发展整体情况

随着全球能源结构转型加速，各国碳中和方案相继落地，新能源的快速发展对储能的需求越发强烈。2023 年，全球多个国家和地区发布储能采购计划或路线图，明确储能的快速部署和发展方向。在实现装机目标的过程中，特别是在表前市场，项目建设数量不断增加，单个项目规模越来越大，推动了表前市场规模的快速增长。

据中关村储能产业技术联盟 DataLink 全球储能数据库不完全统计，在累计装机量方面，截至 2023 年底，全球已投入运行的储能项目累计装机规模为 289.2GW，其中抽水蓄能累计装机量占比首次低于 70%，新型储能累计装机规模超过 91.3GW（见图 2-1），同比增长 99.6%。据国际能源署预测，到 2025 年，全球电力储能市场的累计装机规模将达到 500GW，其中新型储能占比将超过 50%。

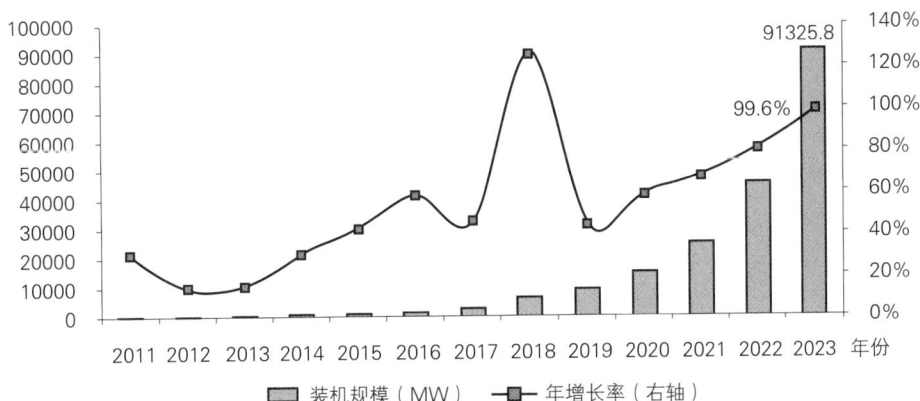

图 2-1　全球新型储能累计装机规模（截至 2023 年底）

资料来源：中关村储能产业技术联盟（CNESA）

在新增装机容量方面，2023 年，全球新增投运电力储能项目装机规模达到 52 GW，同比增长 69.5%；新增新型储能规模达到 45.6 GW，与 2022 年同期累计装机规模基本持平。在新型储能市场方面，锂电池储能占据市场主导地位，2023 年新增锂电池储能项目装机规模 34 GW。从储能建设项目的地区分布上看，无论是累计装机规模还是新增装机规模，中国、美国和欧洲第一梯队的地位更加稳固，三者合计累计装机量占比约为 80%，2023 年三者累计新增新型储能项目占全球市场的 88%（见图 2-2）。

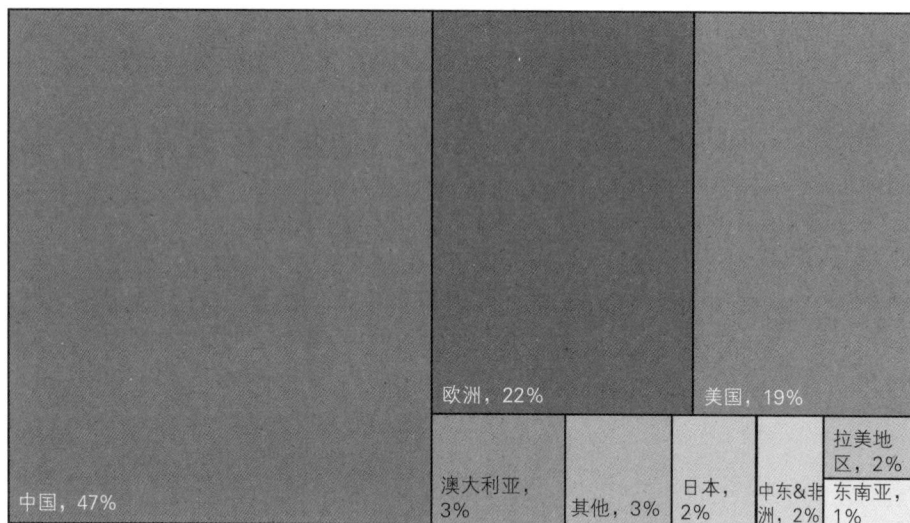

图 2-2　2023 年全球新增新型储能项目分布比例

资料来源：中关村储能产业技术联盟（CNESA）

按照接入位置来划分，2023 年全球新增新型储能项目电源侧、电网侧和用户侧的占比分别为 28%、48% 和 24%（见图 2-3），表前新增装机规模占比超过 2/3。其中，电网侧新增投运装机规模最大，在全球新增投运总装机中的比重大幅提升，较 2022 年同期增加 6%。表后用户侧（包括工商业侧和户储）所占比重较 2022 年同期下降 12%。

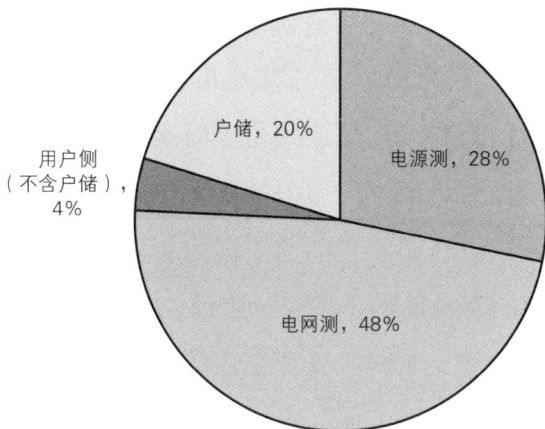

图 2-3　2023 年全球新增新型储能项目类别及比例

资料来源：中关村储能产业技术联盟（CNESA）

（二）欧洲

1. 应用现状

2023 年欧洲家储市场规模激增，继续引领全球家储市场发展，正在成为各方竞逐的热土。德国、意大利、奥地利和英国是欧洲的四大家储市场。其中，德国一直以来都是欧洲最大的家储市场，2013 年以来的累计装机量的年复合增长率超过 70%。

2023 年，欧洲新增装机规模突破 10.1GW，主要分布在德国、意大利和英国，三者新增装机量合计占欧洲市场的 76%。受俄乌冲突影响，欧洲能源危机加剧，天然气以及石油价格大幅上涨，欧洲多个国家居民电价上涨 3 倍以上，叠加补贴政策激励效应，欧洲家储市场规模激增，推动德国、意大利、奥地利和英国成为欧洲四大家储市场。在能源危机影响下，欧洲户储需求快速增加且预期向好，2023 年大量储能设备涌入欧洲市场，欧洲户用储能占比已经达到 67%。以 2023 年 1-11 月为例，德国户用储能新增装机共 4.51 GW·h，同比增加 153%，居欧洲户储首位。装机量第二的意大利在 2023 年表现不俗，一到二季度新增装机量达到 1.47GW，同比增加 385%。但随着补贴政策的退坡，新增装机量增长势头在 2023 年二季度开始减缓。受 2023 年欧洲经济环境较差、电价回落和刚性需求减弱等因素影响，储能市场需求增速不可避免地受到拖累。部分厂商因冲刺上市而导致库存较高，使目前欧洲的去库存仍在进行中。当前德语区的去库存速度相对较快，德语区主要市场如德国、奥地利，库存已达到较合理水平。而在非德语区，如西班牙、意大利和比利时，以及东欧的波兰和捷克等国家，库存水平相对较高。在法国市场方面，户用和储能领域一直保持稳定但不突出的表现。虽然总体市场规模较大，但主要集中在工商业和地面电站领域，占比至少为 70%。预计短期内法国户用市场不会出现大幅增长，而是更多地集中在工商业项目和农场、车棚等特定项目上。预计法国新能源建设及储能设施需求虽目前有所减缓，但在能源转型的决心下，长期来看将得到延续。2023 年欧洲市场大储占比达到 40%，受益于欧洲能源转型背景下新能源电站渗透率的持续提升，预计 2030 年大储装机占比将提升至 45% 以上。到 2030 年，欧洲储能需求或将超过 160GW·h，继续为全球第三大储能市场。

在应用模式上，家储系统已成为屋顶光伏的标配。以德国为例，家储系统配置比例高达 70%。据欧洲光伏产业协会（SPE）预测，2026 年欧洲家储市场规模将达到 44.4GW·h，实现近 5 倍的增长。

随着越来越多的国家对储能开放电力市场，表前储能项目从以往集中部署在德国和英国开始向爱尔兰、法国、比利时、意大利、希腊、西班牙等多国延伸。储能可以提供关键的能源转换和快速响应灵活性服务的功能已在欧盟层面形成共识，欧盟委员会认为储能是实现欧洲可再生能源整合和建立安全、低排放和负担得起的能源系统的关键组成部分，但按照当前的发展速度储能并不能满足这些需求。欧洲储能联盟（EASE）制定了 2030 年部署 187GW、2050 年部署 600GW 储能的战略目标，计划加快储能系统部署，加快推进摆脱外部能源依赖，构建本地化的、可持续的、安全的绿色能源系统进程。

2. 商业模式

储能商业模式及储能经济性与储能政策息息相关。欧洲电价大涨的同时电价差不断加大，有利于储能在电力市场套利。对于过高的电价，政府又采取限制政策保护消费者权益，保持电价在合理的区间波动有利于储能长期稳定地在电力市场获取收益。德国减免储能所得税和增值税，英国为储能项目提供资金支持，有利于储能产业降低成本，使储能获得更好的经济性。英国通过引入容量市场、动态遏制等新的电力市场服务品种，使储能获得新的收益来源，同时也为不断扩大的储能规模提供了更广阔的市场空间。

（1）表前储能

欧洲市场中，英国引领着欧洲表前储能的发展。2022 年，英国电池储能累计装机 1.6 GW，大部分储能时长为 1 小时。英国电力市场较为成熟，电化学储能收益来源多样，目前主要收益来源包括容量市场、批发市场、平衡备用和调频辅助服务市场等。

英国的容量市场通常采用拍卖的形式，拍卖提前 4 年、3 年或 1 年举行，分别为 T-4、T-3 和 T-1 容量拍卖。T-1 容量拍卖的合同有效期是 1 年，T-4 容量拍卖的合同期为 15 年。英国容量竞拍机制以 T-4 容量竞拍为主，以 T-1 容量竞拍作为补充。因电化学储能受放电时长限制，属于能量有限型资源，容量价值需进行折算，目前 1 小时时长储能折算率为 48.62%。

英国储能的批发市场主要通过日前和日内电力交易价格波动进行套利。英国电力批发价格与天然气价格高度关联，2022 年英国电价上升至 269.4 英镑 / 兆瓦时，是 2021 年的 3 倍左右，且价格波动加剧，这为储能项目套利提供良好条件。储能的平衡备用收益主要是通过参与电网实时平衡系统竞拍，获取的平衡服务费。平衡备用参与者可以在电力交付前 1 小时提交投标和报价来增加或减少发电量。近年来，系统平衡成本不断提高，一些时段平衡电量价格高达 4000 英镑 / 兆瓦时。随着新能源渗透率的提升，预计不平衡总量将持续增加。

调频辅助服务市场主要包括动态遏制服务和固定频率响应服务。近年来，随着储能装机规模提升，固定频率响应服务已经饱和，收益率下降。动态遏制作为新推出的调频辅助服务品种，由于供给不足，尚处于阶段性高盈利状态，价格达 17 ~ 18 英镑 / 兆瓦时。

整体来看，英国表前储能可参与的细分市场较为多元化，通过收益叠加的方式，整体盈利情况较好。

（2）用户侧储能

欧洲家用光储系统的安装量从 2014 年起一直保持高速增长，欧洲家用储能快速发展的主要动力有两个，一个是高企的居民电费，另一个是为光伏配置家用储能系统的平准化度电成本（LCOE）不断下降。德国是欧洲用户侧储能的代表性国家，其户用储能收益包括两部分。一是德国居民电费高企，通过光储系统自发自用的用电成本较从电网购电的成本更低，这是德国用户侧安装储能的主要动力。二是自用剩余的电力并网可获得售电收益。德国电价主要由批发电价、输配电费和税费组成，2022 年德国平均批发电价为 235.05 欧元 / 兆瓦时，明显高于 2021 年的 96.49 欧元 / 兆瓦时，带动德国居民电价涨至约 40 欧分 / 千瓦时，储能收益情况明显好转。德国为户用光储系统免除约 19% 的增值税，可以减少储能系统投资，从而进一步提高安装储能设备的经济性。综合来看，在能源短缺导致的高电价以及能源安全危机背景下，德国户用储能投资明显增加。根据德国储能系统协会的数据，2022年德国新增光伏系统家庭中有75%安装了储能设备。根据德国联邦经济事务和能源部的数据，10kW光伏系统配置7.5kW·h的电池储能，电量自供率从8%~22%提升至23%~39%。在年运行300次的情况下，2020年德国电池储能平准化成本为30~50欧分/千瓦时，2040年有望降至15~25欧分/千瓦时。2022年德国新增光伏系统家庭中有75%安装了储能。截至2023年底，德国家庭累计安装储能系统套数已经达到100万套，装机规模超过10GW·h（见图2-7）。

此外，欧洲的家储系统与屋顶光伏基本形成标配，配置比例在2021年已达到27%，德国更是高达70%。越来越多的居民选择光储系统，或者新购置光储系统，或者在自有屋顶光伏上加装储能系统。居民实现能源独立性的意识逐渐提高，对家储的兴趣大增。系统成本的降低和电价的上涨，将会进一步刺激家储规模的快速增长。

（三）美国

1. 应用现状

美国的《通胀削减法案》将推动美国储能进入全新发展阶段。2023年，美国新增装机规模突破8.7GW，同比增长超过90%。其中表前储能新增装机7.9GW，功率装机占比同比提升近4个百分点，达到90.5%，加利福尼亚州、得克萨斯州仍保持领先地位，两者合计占全部新增装机量的70%以上。在户用储能方面，美国户用装机量在2023年二季度出现负增长，同比下滑近15%。但从远期需求来看，美国户用储能预期依旧较为乐观。

在应用场景上，电网侧储能、光储仍是公用事业规模储能两个主要的细分领域，"光伏＋储能"项目占混合（Hybrid）项目的主导地位，

2023 年在新增投运的混合项目中，"光伏 + 储能"项目装机量占比超过 95%。表后储能仍延续以户储为主的格局，近几年户储在表后储能中的占比一直保持在 80% 以上，光照资源丰富的加利福尼亚州、夏威夷州、得克萨斯州户储装机量排名靠前。

2023 年，美国新增装机规模突破 8.7GW，同比增长超过 90%。其中表前储能新增装机 7.9GW，功率装机占比同比提升近 4 个百分点，达到 90.5%，加利福比亚州、得克萨斯州仍保持领先地位，两者合计占全部新增装机规模的 70% 以上。在户用储能方面，美国户用装机在 2023 年二季度出现负增长，同比下滑近 15%。但从远期需求来看，美国户用储能预期依旧较为乐观。

美国主要通过《通胀削减法案》为储能提供财税支持，降低储能成本，提高储能建设积极性。各州通过制定详细的储能可参与电力市场规则来支持储能发展，如加利福尼亚州的《储能增强提案》可以使电池储能更容易参与辅助服务市场，新泽西州的《新泽西州储能激励计划（SIP）提案》根据储能运行减少的碳排放量和对配电系统的成功供电分别对表前和表后独立储能进行补偿。

2. 商业模式

2018 年 2 月，美国发布 841 号法令，要求各区域输电组织（RTO）和独立系统运营商（ISO）制定储能公平参与电力市场的相关规则，允许 100 kW 以上的小型储能资源独立参与电能量市场、辅助服务市场和容量市场，并要求在设计市场规则时充分考虑包括与充电状态、充电时间、充电 / 放电限制、运行时间等相关的储能运行特性。按照联邦能源管理委员会（FERC）的要求，各 ISO/RTO 在现有的市场规则之上制定或完善储能参与市场的规则。美国电网规模储能收益多来源于调频、价格套利、爬坡或旋转备用、减少风能和光伏弃电、电压或无功支撑、系统调峰等。其中，调频、价格套利、爬坡或旋转备用是主要收益来源。近两年，储能参与能量市场价格套利、爬坡或旋转备用比例不断增大，2021年美国电网规模电池储能中有59%参与价格套利，较2019年的17%大幅增加。其中，加州市场80%以上电池储能参与价格套利。

美国用户侧储能主要包括户用储能和工商业储能，以分布式光伏配储能的形式为主，其收益来源包括减少从电网高价购电的收益、备用电源的价值和余电上网的收益等。根据美国能源信息署的估测，2024年美国储能项目平准化成本为14.01美分/千瓦时（假设ITC补贴30%）。相较于2022年美国居民平均电价15.12美分/千瓦时，在ITC补贴下安装储能已经具有一定经济性。若还可以获得本土制造、位于"能源社区"或"环境正义区"等额外补贴，美国储能项目将会得到更高的收益。此外，根据美国中西部独立系统运营商MISO的规定，超过100 kW的分布式储能可以在MISO注册，并于参与电力市场（包括电能量市场、辅助服务市场和容量市场）获得额外收益，但分布式储能与分布式光伏联合参与MISO市场则需要等到2030年。

（四）日本

日本新型储能市场活力较为充沛，用户侧储能主导市场。2022年，日本储能市场需求主要集中在用户侧，以家储为主。日本是世界上最大的备用电源和太阳能自用住宅电池市场之一，用于调峰的工商业系统也日益受到欢迎。2022年，日本电价不断上涨，用户侧储能需求随之增加。以居民电价为例，2022年3月电价为0.23美元/千瓦时，6月达到0.256美元/千瓦时（世界平均电价为0.161美元/千瓦时）。

未来，随着可再生能源和分布式能源的广泛应用，日本将逐步建立以可再生能源、储能为代表的小规模分布式能源体系。在能源互联网背景下，虚拟电厂、需求响应主体及其聚合主体将是用户侧储能的发展趋势。2022年8月，特斯拉在日本建设了一个虚拟电厂项目，虚拟电厂由分布式储能系统组成，在需要时可将额外存储的电力发送到电网，为配电网和输电网提供能量管理和辅助服务。在容量市场和辅助市场中，需求响应被视为电力容量和储备的重要来源。随着日本电力市场的发展，电力系统的利益主体逐步泛化，需求响应主体及其聚合主体将在电力市场中扮演越来越多的角色。2022年4月，日本对需求响应聚合主体提出了新的要求。此外，零碳建筑也是用户侧储能发展的趋势之一，日本第一座零碳建筑（东京银座的最新净零碳开发项目）也已启动建设。

（五）韩国

2014年，韩国政府正式公布"第二个能源总体规划"，其目标之一是建立激励机制，鼓励储能系统技术的大规模市场化，同时推动智能电网、虚拟发电厂、车辆到电网（V2G），以及节能设计方面的研发活动。500MW调频储能采购计划、风光电站配套储能系统额外可再生能源证书（RECs）奖励政策、绿色岛屿项目、清洁能源和智能家庭项目等极大地推动了韩国在调频辅助服务、可再生能源并网、海岛和居民用户侧储能的应用。

如今，韩国规定在超过1MW的公共建筑上必须安装储能系统。韩国济州岛兴建了2台250kW风力涡轮机，以及带有1MW/1MW·h锂离子电池储能系统的屋顶太阳能电池，可以供应该岛总耗电量的70%。

伴随着储能项目快速增加，火灾事故频繁发生。根据韩国民间协作储能系统火灾事故调查委员会的调查结果，2017年8月—2019年5月，韩国共发生23起储能项目起火事故，主要原因包括电池系统缺陷、电池保护系统不良、运营操作环境管理不善、储能系统集成控制保护系统欠缺等。根据火灾事故调查结果，韩国政府决定加强对储能系统制造、安装和运行阶段的安全管理，并通过制定新的消防标准，强化火灾应对能力。

在确保储能系统稳定性的前提下，韩国为减小储能产业因火灾事件而受到的影响采取了一系列措施，加强储能系统行业生态系统竞争力。其措施包括将可再生能源供应证书（RECs）延长6个月；推出新设储能系统夜间发电制度；扩大储能系统认证范围，以缓解由新安全制度带来的财务负担，对获得认证的储能电站减免3%的所得税（中型企业5%，小微企业10%）；火灾发生以后，为了减轻保险金上涨带来的行业负担，进行团体保险开发、保险承兑和保险补助等。

2017年以来的一系列火灾严重削弱了韩国在固定式储能市场的地位，韩国产业通商资源部于2022年5月加强了储能项目生命周期内的安全措施。然而，2023年1—8月韩国便报告10起新的火灾。解决安全问题对于重振韩国的储能市场尤其重要，对于在新兴的海外储能市场面临激烈竞争的本地制造商也是如此。

韩国曾经是全球领先的储能市场（按装机容量计），正推进一项旨在对一系列储能场址火灾进行声誉重建的新战略，借此重振雄风。该计划被称为储能系统战略，调整装机目标并采取措施缓解安全担忧，旨在到2036年将韩国打造为第三大储能出口国。

彭博新能源财经（BNEF）预计，该政策允许项目获得长期合同并使收入来源多样化，从而帮助韩国重振储能市场。然而，要完全恢复过去的市场主导地位，韩国政府需要针对储能项目出台更明确的激励措施。更严格的安全措施旨在降低火灾风险，将在韩国恢复对该行业的信心方面发挥重要作用。

（六）澳大利亚

澳大利亚修订 APC 管理价格上限，为澳大利亚电价带来了更大的波动空间，为储能在电力市场套利提供了便利条件。通过为储能项目提供资金支持，降低储能成本，可以使储能获得更好的经济性，增加储能建设积极性。

1. 表前储能

澳大利亚表前和用户侧储能均发展较快。2021—2022 年，澳大利亚新增 557MW 表前电池储能项目，累计规模达到 822MW。在澳大利亚，表前储能可以参与电能量市场和调频辅助服务市场（FCAS）。2021 年，澳大利亚电池储能总收入的 80% 以上来自 FCAS，剩余部分来自电能量市场。2022 年第二季度和第三季度，由于电力供应紧张，电价大涨，5000 澳元 / 兆瓦时以上的电价发生频率明显增加，电池储能现货市场套利空间增大，电池储能电能量市场收益大幅增加。2022 年第三季度，电池储能电能量市场收益（2154 万澳元）首次超过 FCAS（1546 万澳元）。2022 年第四季度，随着电力供需紧张状况趋于缓和，电池储能电能量市场收益明显下滑。

2. 用户侧储能

在用户侧储能方面，根据澳大利亚能源委员会（AEC）的数据，2022 年全年澳大利亚新增安装屋顶光伏系统 29 万套，有 6% 的屋顶光伏配置了电池储能，而维多利亚州和南澳州的这一配置比例分别达到 24% 和 21%。用户侧储能的主要收益来源于光储系统自发自用带来的电费节约。零售电价的上涨以及电池储能投资成本的降低，将促使更多用户配置屋顶光伏及电池储能。根据澳大利亚能源市场委员会（AEMC）的数据，澳大利亚电池储能度电成本已经从 2016 年的 0.80 澳元 / 千瓦时降至 2022 年的 0.39 澳元 / 千瓦时，同时电池储能净收益从 2020—2021 年的 0.15～0.20 澳元 / 千瓦时增加到 2021—2022 年的 0.24 澳元 / 千瓦时。澳大利亚户用电池储能已具有一定经济性，未来澳大利亚户用储能的规模有望快速增长。

四、全球储能市场预测

1. 国际能源署的预测

国际能源署（IEA）在其 2022 年 9 月的跟踪报告《电网规模储能》中指出，储能系统的快速扩展对于解决电网上风力和太阳能光伏发电的逐小时变化至关重要。特别是在净零情景下，风力和太阳能的发电份额快速增加。满足日益增长的灵活性需求，同时使发电脱碳是电力部门面临的主要挑战。因此，需要利用所有灵活性来源，包括电网加固、需求侧响应、电网规模电池储能和抽水蓄能水电，电网规模的电池储能尤其需要大幅增长。在净零情景下，2021—2030 年，电网规模电池储能的装机容量预计将增大 44 倍，达到 680GW。仅 2030 年就将增加近 140GW 的容量，远高于 2021 年的 6GW。为了适应净零情景，每年的新增储能装机量必须大幅增加，在 2022—2030 年平均每年新增储能装机量将超过 80GW。

2. 伍德麦肯兹的预测

伍德麦肯兹（Wood Mackenzie）在其 2022 年 7 月的报告《全球储能展望》中提出，全球储能市场会出现增长。预计到 2031 年，累计储能部署将达到 500GW。

由于欧洲电网规模的市场难以稳定，该地区需求相对较小。预计到 2031 年，该地区只有 159GW·h，而中国为 422GW·h，美国为 600GW·h。尽管如此，德国的储能市场仍在持续增长，预计到 2030

年将成为仅次于美国和中国的第三大储能市场。预计其储能装机容量为 32 GW · h，其中 61% 来自住宅侧。

欧盟委员会的 REPower EU 计划将进一步推动欧洲储能市场发展，因为它将推动欧盟成员国可再生能源供应份额增加。自 2022 年 5 月启动该计划以来，欧洲已实现了 12GW · h 的储能增长。该计划为太阳能光伏市场设定了 600GW 的目标，并承诺简化储能和光伏系统的许可程序。

美国仍然是储能市场的领导者，预计到 2031 年，美国的年平均储能装机容量将达到 27GW · h，其中 83% 将为电网规模。然而，Wood Mackenzie 的数据显示，2022 年和 2023 年的美国需求分别下调 34% 和 27%。这是因为美国反倾销和反补贴税（AD/CVD）关税诉讼导致电网规模和分布式储能中断。

3. 彭博新能源财经的预测

彭博新能源财经（BNEF）的《2022 年下半年储能市场展望》预计，到 2030 年，储能装机容量将比之前预计的增加 13%。这主要是由最近的政策发展推动的，相当于额外新增 46GW/145GW · h。值得注意的新政策包括美国的《通胀削减法案》，这一立法为清洁技术提供了超过 3690 亿美元的资金。此外，还有欧盟的 REPower EU 计划，该计划设定了雄心勃勃的目标，以减小欧洲对俄罗斯天然气的依赖。

预计到 2030 年，全球将新增 387GW/1143GW · h 的储能容量，超过 2020 年日本的全部发电容量。美国和中国将继续是两个大市场，到 21 世纪末将占全球储能装机的 50% 以上。

2022 年 8 月颁布《通胀削减法案》后，美国将大量资金用于风能、太阳能和储能税收抵免。根据 BNEF 的数据，该法案计划在 2022 年—2030 年推动约 30GW/111GW · h 的储能建设。尽管新的税收抵免政策基于 BNEF 长期预测的更多储能增长，但供应链限制了 2024 年之前的部署预期。

从地区来看，到 2030 年，亚太地区将在功率规模基础上引领储能建设，这一势头将由中国快速扩张的市场推动。但是，由于其储能企业通常有更长的储能时长，美国将以能量规模为基础增加更多的容量。

BNEF 预测，到 2030 年，全球范围内共址可再生能源、储能项目特别是太阳能储能项目将变得普遍，主要用于能量时移。客户侧电池储能包括住宅、商业和工业电池储能等，预计也将稳步增长。目前，德国和澳大利亚是该领域的领导者，日本和美国也占有相当大的市场份额。BNEF 预测，2030 年用户侧电池储能的装机规模约占全球市场的 25%。

第 三 章
我国储能产业发展
不断提速

一、我国储能产业战略导向及支持政策分析

（一）国家层面相关政策

我国储能产业起步较晚，"八五"计划（1991—1995年）至"十二五"规划（2011—2015年）时期，国家层面主要强调推进新能源产业发展；"十三五"规划至"十四五"规划期间，我国提出了"储能"的概念，2017年国家能源局出台《关于促进储能技术与产业发展的指导意见》，明确了促进我国储能技术与产业发展的重要意义、总体要求、重点任务和保障措施。此后，国内各类储能政策相继出台。

2021年发布的《中华人民共和国国民经济和社会发展第十四个五年规划和2035年远景目标纲要》提出，在氢能与储能等前沿科技和产业变革领域，组织实施未来产业孵化与加速计划，谋划布局一批未来产业。2021年7月，国家发展改革委、国家能源局发布《关于加快推动新型储能发展的指导意见》，提出到2025年新型储能从商业化初期向规模化发展转变，装机规模达30GW以上。同月发布的《关于进一步完善分时电价机制的通知》指出，应合理拉大峰谷电价价差，系统峰谷差率超过40%的地方，峰谷电价价差原则上不低于4∶1，其他地方原则上不低于3∶1，峰谷差价的拉大为用户侧储能进行价格套利带来了机遇。2022年3月，国家发展改革委、国家能源局联合印发了《"十四五"新型储能发展实施方案》，提出开展新型储能关键技术集中攻关，加快实现储能核心技术自主化，推动储能成本持续下降和规模化应用。2022年6月，国家发展改革委、国家能源局印发了《关于进一步推动新型储能参与电力市场和调度运用的通知》，提出加快推动独立储能参与电力现货市场和中长期市场，鼓励配建新型储能与所属

电源联合参与电力市场，为充分发挥独立储能技术优势提供辅助服务，建立电网侧储能价格机制。2023 年 4 月，中共中央政治局会议提出，要加快推进储能设施建设和配套电网改造。近年来与我国储能领域相关的国家主要政策文件见表 3-1。

表 3-1　近年来我国储能领域国家主要政策文件

出台时间	颁布部门	文件名称
2021.07	国家发展改革委等	《关于加快推动新型储能发展的指导意见》
2021.12	工业和信息化部	《锂离子电池行业规范条件（2021 年本）》
2022.03	科学技术部	《"十四五"国家重点研发计划申报指南：储能与智能电网条件》
2022.03	国家发展改革委等	《"十四五"新型储能发展实施方案》
2022.04	国家能源局等	《"十四五"能源领域科技创新规划》
2022.05	国家发展改革委等	《关于进一步推动新型储能参与电力市场和调度运用的通知》
2022.06	国家发展改革委等	《"十四五"可再生能源发展规划》
2022.08	工业和信息化部等	《加快电力装备绿色低碳创新发展行动计划》
2022.11	工业和信息化部等	《关于做好锂离子电池产业链供应链协同稳定发展工作的通知》
2023.01	工业和信息化部等	《关于推动能源电子产业发展的指导意见》
2023.03	国家能源局	《防止电力生产事故的二十五项重点要求（2023 版）》
2023.09	国家发展改革委等	《电力现货市场基本规则（试行）》
2023.09	国家发展改革委等	《关于加强新形势下电力系统稳定工作的指导意见》
2024.01	国家发展改革委、国家能源局	《关于加强电网调峰储能和智能化调度能力建设的指导意见》
2024.03	国家能源局	《2024 年能源工作指导意见》
2024.04	国家能源局	《关于促进新型储能并网和调度运用的通知》

资料来源：作者根据公开资料整理

从政策分类来看，主要集中在以下几个方面。一是逐步明确工商业储能在市场中的主体地位，丰富工商业储能的商业化盈利渠道，助推工商业储能商业模式加速形成。二是加强储能相关监管，在电力市场监管方面，进一步发挥电力市场机制作用；在储能安全监管方面，研究新型电力系统重大安全风险及管控措施，完善电网运行方式，探索推进"源网荷储"协同共治。三是积极推动各类储能安全发展，为新能源发展提供安全保障。四是积极推动新型储能在油气上游规模化、多场景应用。五是多地纷纷发力储能补贴，促进储能发展。截至2023年底，全国已有14个省份出台了80余项储能补贴政策，地方储能资金支持措施逐步完善。六是国内各省份陆续对新能源项目上网提出配套储能要求。

从重点政策来看，主要包括以下几项。

2023年1月17日，工业和信息化部等六部门印发《关于推动能源电子产业发展的指导意见》。在新型储能方面，提出要开发安全经济的新型储能电池。研究突破超长寿命高安全性电池体系、大规模大容量高效储能、交通工具移动储能等关键技术，加快研发固态电池、钠离子电池、氢储能/燃料电池等新型电池。建立分布式光伏集群配套储能系统，加快适用于智能微电网的光伏产品和储能系统等研发。

2023年1月18日，国家能源局印发《2023年能源监管工作要点》。其中，2023年新型储能监管工作要点包括：在电力市场机制方面，加快推进辅助服务市场建设，建立电力辅助服务市场专项工作机制，研究制定电力辅助服务价格办法，建立健全用户参与的辅助服务分担共享机制，推动调频、备用等品种市场化，不断引导虚拟电厂、新型储能等新型主体参与系统调节；在稳定系统安全稳定运行方面，探索推进"源网荷储"协同共治。

2023 年 3 月 24 日，国家能源局印发的《防止电力生产事故的二十五项重点要求（2023 版）》提出，中大型储能电站应选用技术成熟、安全性能高的电池，审慎选用梯次利用动力电池。

2023 年 3 月 31 日，国家能源局发布的《关于加快推进能源数字化智能化发展的若干意见》提出，加快新能源微网和高可靠性数字配电系统发展，提升用户侧分布式电源与新型储能资源智能高效配置与运行优化控制水平。

2023 年 5 月 12 日，国家能源局发布《关于进一步做好抽水蓄能规划建设工作有关事项的通知》，提出应根据新能源发展和电力系统运行需要，科学规划、合理布局、有序建设抽水蓄能。对于需求确有缺口的省份，按有关要求有序纳规。对于经深入论证、需求没有缺口的省份，暂时不予新增纳规。国家能源局根据需求论证情况和实际需要，及时对全国或部分区域的中长期规划进行滚动调整，保持适度超前，支撑发展。

2023 年 6 月 2 日，由国家能源局组织 11 家研究机构编制而成的《新型电力系统发展蓝皮书》发布。该蓝皮书结合新型能源体系建设要求和"双碳"发展战略研判电力系统发展趋势，分析现有电力系统面临的主要挑战和问题，全面阐述新型电力系统发展理念、内涵特征，研判新型电力系统的发展阶段及显著特点，提出建设新型电力系统的总体架构和重点任务，将"加强储能规模化布局应用体系建设"列入总体新型电力系统发展重点任务。

2023 年 9 月 15 日，国家发展改革委发布的《电力需求侧管理办法（2023 年版）》提出，到 2025 年，各省份需求响应能力达到最大用电负荷的 3% 至 5%。其中，年度最大用电负荷峰谷差率超过 40% 的省份须达到 5% 或以上；到 2030 年，形成规模化的实时需求响应能力，结合辅助服务市场、电能量市场交易，可实现电网区域内可调节资源共享互济。为达到上述目标，该文件提出，要积极拓展需求响应主体范围，有序引导具备响应能力的非经营性电力用户参与需求响应；鼓励推广新型储能、分布式电源、电动汽车、空调负荷等主体参与需求响应。

2023 年 9 月 18 日，国家发展改革委、国家能源局印发《电力现货市场基本规则（试行）》，提出要推动分布式发电、负荷聚合商、储能和虚拟电厂等新型经营主体参与交易。

2023 年 9 月 21 日，国家能源局发布了《关于加强新形势下电力系统稳定工作的指导意见》，提出了科学安排储能建设、新型电力系统稳定发展的措施。按需建设储能，有序建设抽水蓄能，积极推进新型储能建设；多元化储能科学配置，充分发挥电化学储能、压缩空气储能、飞轮储能、氢储能、热（冷）储能等各类新型储能的优势，探索储能融合发展新场景，提升电力系统安全保障水平和系统综合效率。

2024 年 1 月 27 日，国家发展改革委、国家能源局印发《关于加强电网调峰储能和智能化调度能力建设的指导意见》，提出要推进电源侧新型储能建设，优化电力输、配环节新型储能发展规模和布局，发展用户侧新型储能，推动新型储能技术多元化协调发展。

2024 年 3 月 22 日，国家能源局印发《2024 年能源工作指导意见》，提出要推动新型储能多元化发展，强化促进新型储能并网和调度运行的政策措施，加强新型储能试点示范跟踪评价，推动新型储能技术产业进步。探索推广虚拟电厂、新能源可靠替代、先进煤电、新型储能多元化应用等新技术。

2024 年 4 月 2 日，国家能源局发布《关于促进新型储能并网和调度运用的通知》，提出准确把握新型储能功能定位，明确接受电力系统调度新型储能范围，规范新型储能并网接入管理，优化新型储能调度方式，规范新型储能并网接入技术要求，明确新型储能调度运行技术要求，鼓励存量新型储能技术改造，推动新型储能智慧调控技术创新，强化新型储能并网和调度协调保障。

（二）地方层面的相关政策

1. 储能建设规划

截至 2023 年底，全国已有 24 个省份规划了"十四五"时期新型储能的装机目标，总规模超过 80GW，山西、内蒙古、青海等地建设目标达到 9~10GW 级别，甘肃、宁夏、河南、山东 2025 年规划装机规模也均达到了 5GW 及以上。而国内目前新增规划 / 在建的新型储能项目规模已超过 100GW，远超国家发展改革委《关于加快推动新型储能发展的指导意见》中设置的 2025 年实现 30GW 装机的目标值。预计"十四五"时期，新型储能还将继续高速发展，年复合增长率保持在 55%~70%。

在地方层面，2023 年地方出台新型储能相关政策接近 500 项，涉及电价与市场交易、储能补贴、新能源配储及建设规划等各方面。其中，广东省提出到 2025 年全省新型储能产业营业收入达到 6000 亿元，江苏省提出到 2025 年新型储能具备大规模商业化应用条件的新型储能装机规模达到 260 万千瓦左右，四川省提出到 2025 年全省新型储能规模达 200 万千瓦以上。

2. 储能补贴政策

在补贴支持措施方面，国内储能补贴主要为投资补贴和运营补贴。截至 2023 年底，浙江、广东、江苏、重庆、安徽、天津、山西等 14 个省份陆续出台工商业储能直接补贴政策 99 项。如太原市对新型储能项目（电化学储能、压缩空气储能等）给予补助，建成后按投资额的 2% 进行补贴，最高不超过 500 万元；苏州吴江区对 2021 年 7 月至 2023 年底并网发电的储能项目，按照实际放电量给予运营主体 0.9 元 / 千瓦时的补贴，补贴期限为 2 年；重庆铜梁区按照储能设施规模给予 1.3 元 / 瓦时的一次性补贴，单个项目的所有补贴不超过 1000 万元。国内大部分省份均已出台新能源项目配置储能的比例及时长要求，大多数省份要求按照 10%～20% 的功率配置 1～4 小时的储能，且配置比例和时长呈增加趋势，尤其是在青海、内蒙古、新疆等地区，部分项目配置比例要求达到 15% 或 30%。配置方式由新能源场站内配建逐步转向鼓励和支持建设独立储能电站、新能源项目租赁容量的方式。此外，国内正在推进两批共 14 个省份电力现货交易市场试点，大部分市场仅有部分参与者进行现货交易，价差较小。山东、山西等省份已经推进储能参与电力现货市场，随着反映实际电力供需情况、价格波动的现货市场体系的逐步建立，储能在能量电力市场中进行套利有望成为储能的主要收益来源之一。

3. 新能源配储要求

国家发展改革委、国家能源局 2021 年发布的《关于鼓励可再生能源发电企业自建或购买调峰能力增加并网规模的通知》提出，为鼓励发电企业市场化参与调峰资源建设，超过电网企业保障性并网以外的规模初期按照功率 15% 的挂钩比例（时长 4 小时以上）配建调峰能力，按照 20% 以上挂钩比例进行配建的优先并网。各地响应国家政策，相继出台发电侧相关政策。一是多数省份要求新能源项目必须按一定功率配比配置发电侧储能，新能源配置储能比例为 5%~20%，配置时长大多为 2 小时，部分省份要求 1 小时或者 4 小时（见表 3–2）。二是给予储能项目补贴，补贴政策可分为投资补贴和运营补贴。全国已有近 30 个省份出台了"十四五"新型储能规划或新能源配储政策，各省份规划的新型储能发展目标合计超过 6000 万千瓦，是国家能源局《关于加快推动新型储能发展的指导意见》中提出的 2025 年达到 3000万千瓦目标的两倍。

表 3-2　主要省份储能配置要求

序号	省份	风电项目		光伏项目	
		比例	时长（小时）	比例	时长（小时）
1	内蒙古	15%	2	15%	2
2	福建	—	—	10%	2
3	山东	—	—	30%	2
4	甘肃	15%	2	15%	2
5	安徽	27%	2	13%	2
6	青海	15%	2	15%	2
7	江西	10%	2	10%	2
8	江苏	10%	2	10%	2
9	广西	20%	2	10%	2
10	西藏	—	—	20%	4
11	广东	10%	1	10%	1
12	云南	—	—	10%	—
13	湖北	20%	2	20%	2
14	贵州	独立储能可按装机容量的 1.4 倍向风电、光伏发电项目提供租赁服务			
15	河南	10%	2	10%	2
16	湖南（耒阳）	—	—	5%	2
17	浙江	10%	2	10%	2
18	天津	10%	2	10%	2

序号	省份		风电项目		光伏项目	
			比例	时长（小时）	比例	时长（小时）
19	新疆		20%	2	20%	2
20	四川		10%	2	10%	2
21	河北	冀北	20%	2	20%	2
		冀南	15%	2	15%	2

资料来源：作者根据公开资料整理

二、我国储能产业发展基本情况

（一）储能产业不断发展壮大

我国储能技术的发展和应用大致可分为三个阶段。第一个阶段是萌芽期，20世纪60年代，国内开始抽水蓄能电站的研究，并建立第一座混合式抽水蓄能电站——岗南水电站。到20世纪90年代，抽水蓄能电站建设迎来高潮。第二个阶段是发展初期，21世纪初期，国内开始其他储能技术的研究，包含压缩空气储能等，直到2011年"十二五"规划纲要中储能作为智能电网的技术支撑在国家的政策性纲领文件中首次出现。第三个阶段是2017年以后，我国出台了一系列储能专项政策，以锂电池储能为代表的储能技术和产品逐步多元化，行业需求和市场空间持续增加，新型储能技术快速发展、标准体系日趋完善，储能项目广泛应用，并形成较为完整的产业体系和一批有国际竞争力的市场主体，储能成为能源领域经济新增长点。我国储能产业发展进程见图3-1。

20世纪60年代	• 我国开始进行抽水蓄能电站的研究 • 建立第一座混合式抽水蓄能电站——岗南水电站
20世纪90年代	• 抽水蓄能电站建设迎来高潮
21世纪初	• 我国开始对其他储能技术进行研究
2009年	• 我国首次提出并研发了超临界压缩空气储能系统
2011年	• "十二五"规划纲要中储能作为智能电网的技术支撑在国家的政策性纲领文件中首次出现
2014年	• 《能源发展战略行动计划(2014—2022年)》发布 • 首次将储能列入9个重点领域
2017年	• 首个大规模储能技术及应用发展的指导性政策发布 • 《关于促进我国储能技术与产业发展的指导意见》发布
2021年	• 《关于加快推动新型储能发展的指导意见(征求意见稿)》发布
2022年	• 发布《"十四五"新型储能发展实施方案》,对行业进行规划和指导

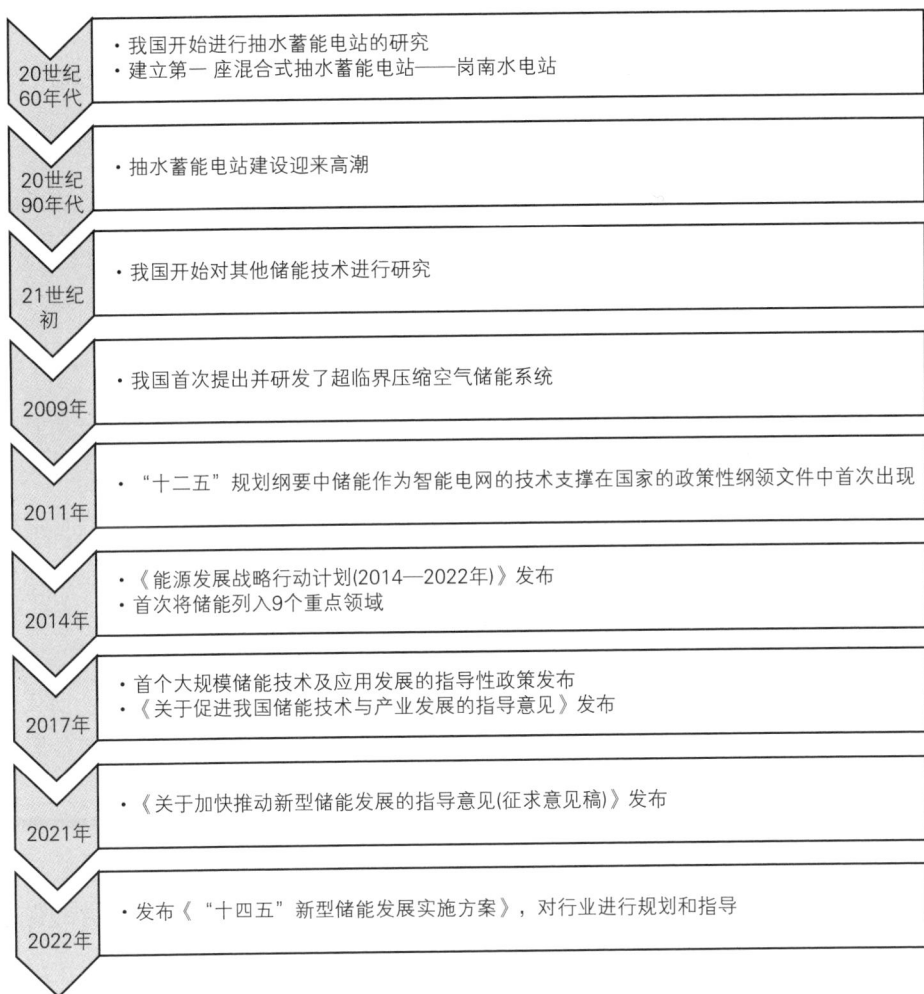

图 3-1 我国储能产业发展进程

资料来源:作者根据公开资料整理

2023 年以来,新型储能项目进一步加快发展,300MW 等级压缩空气储能项目、100MW 等级液流电池储能项目、兆瓦级飞轮储能项目开工建设,重力储能、液态空气储能等新技术正在落地实施。根据中关村储能技术联盟发布的《储能产业年度回顾及趋势展望——暨 2023 年储能产业数据发布》,截至 2023 年底,我国已投运电力储能项目累计装机规模 86.5GW，同比增长 45%。其中，抽水蓄能累计装机占比继 2022 年首次低于 70% 之后，再次下降近 10 个百分点，首次低于 60%，新型储能占比接近 40%（见图 3-2），锂离子电池储能仍然在新型储能中占据优势，达到 97.4%，铅蓄电池储能、压缩空气储能、液流电池储能占比仍然较少。

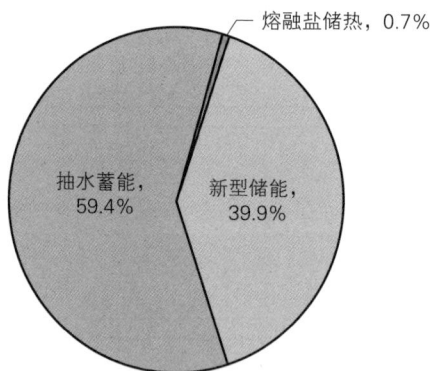

熔融盐储热，0.7%

抽水蓄能，59.4%

新型储能，39.9%

图 3-2　我国储能系统累计装机量占比（2023 年）

资料来源：中关村储能产业技术联盟（CNESA）

（二）抽水蓄能整体规模不断提升，占比快速下降

到 2023 年底，我国抽水蓄能累计装机规模达 51.4GW，占全部储能装机量的 59.4%，占比首次低于 60%，与 2022 年同期相比下降 17.7 个百分点，市场占比呈现快速下降趋势（见图 3-3）。然而，抽水蓄能电站的建设仍在稳步推进，已核准开工建设的抽水蓄能电站规模达到 160GW 左右，2023 年全国共核准 35 座抽水蓄能电站建设，总装机规模达到 45.6GW，项目规模普遍在 1.2~2.4GW 区间。其中，广东、湖南、浙江、四川、甘肃、广西是现阶段抽水蓄能电站建设的重点区域。

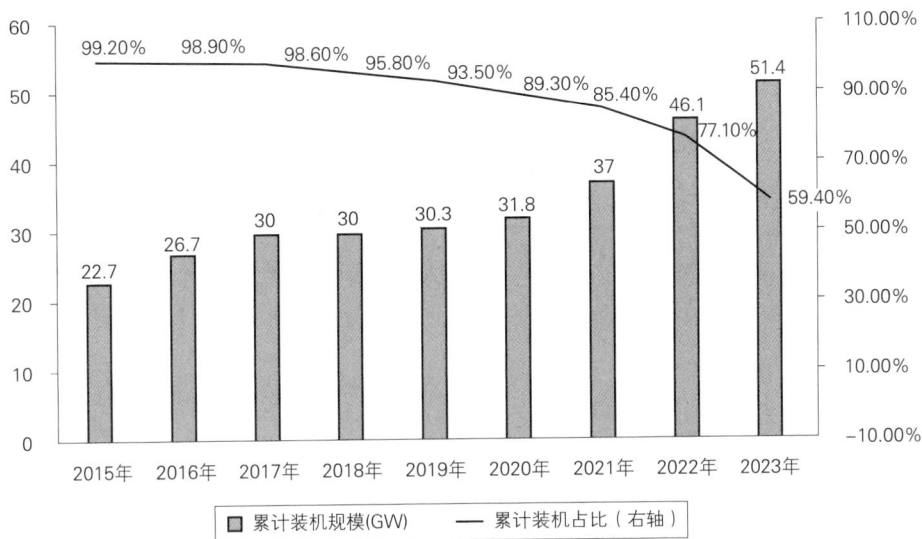

图 3-3　2015—2023 年我国抽水蓄能装机量及占比变化

资料来源：中关村储能产业技术联盟（CNESA）

当前，我国抽水蓄能项目开发已从东、中、南部逐步扩展到西、北部等地区，工程将面临高地震、高寒、高海拔、多泥沙以及水资源利用限制等复杂的地质条件，如何缩短工程建设工期、提高工程建设质量成为关键。为提高抽水蓄能项目建设质量和效率，水电行业成熟的工程总承包模式正在抽水蓄能领域复制探索。

虽然抽水蓄能适合长时大规模储能，但由于抽水蓄能建设需要合适的地理条件，且建设周期一般在 7 到 10 年，还会带来环保问题和移民问题，因此不适合在平原省份大量建设。此外，抽水蓄能电站也需要与中段时长和短时高频储能系统共同形成储能体系。

（三）新型储能系统规模不断扩大

相较于传统抽水蓄能，新型储能有不受地理条件约束、配置灵活、建设周期短等优势，发电侧、电网侧、用户侧的需求都在不断释放，新型储能迎来快速发展阶段。

据中关村储能产业技术联盟统计，2023 年我国新增新型储能投运规模 21.5GW/46.6GW·h，约 3 倍于 2022 年投运规模水平（7.3GW/15.9GW·h）。现阶段新型储能项目数量（含规划、建设中和运行中的项目）超过 2500 个，较 2022 年增长 46%。根据相关统计数据，截至 2023 年底，全国已建成投运新型储能项目累计装机规模达 31.39GW/66.87GW·h，平均储能时长为 2.1 小时。2023 年新增装机规模约 22.6GW/48.7GW·h，较 2022 年底增长超过 260%，近 10 倍于"十三五"末的装机规模。

从分布区域来看，多地加快新型储能发展，11 省份的装机规模超过 1GW。截至 2023 年底，新型储能累计装机规模排名前 5 的省份分别为山东（3.98GW/8.02GW·h）、内蒙古（3.54GW/7.1GW·h）、新疆（3.09GW/9.52GW·h）、甘肃（2.93GW/6.73GW·h）、湖南（2.66GW/5.31GW·h），装机规模均超过 2GW，宁夏、贵州、广东、湖北、安徽、广西等 6 省份的装机规模超过 1GW。华北、西北地区新型储能发展较快，装机占比超过全国 50%，其中西北地区占 29%，华北地区占 27%。山东、湖南等省份独立储能的实际运行接近每天一充一放。实际应用情况表明，储能能够参与电力市场，为新型电力系统调峰、调频等作出贡献。

从技术路线来看，锂离子电池储能仍占主导地位，压缩空气储能、液流电池储能、飞轮储能等技术快速发展。2023 年以来，300MW 电网侧压缩空气储能项目、100MW 液流电池储能项目、22MW 飞轮储能火储调频项目、45MW 用户侧铅炭电池、5MW 级"超级电容＋锂电"混合储能等示范项目快速发展，多类新型液流电池以及百兆瓦级钠电项目被纳入省级示范项目清单并陆续开工建设，重力储能、液态空气储能、二氧化碳储能等新技术相继落地，总体呈现多元化发展态势。截至2023年底，已投运新型储能系统中锂离子电池储能占比为97.4%，占比较2022年提升2.9个百分点，仍为增速最快的领域。铅炭电池储能占比为0.5%，压缩空气储能占比为0.5%，液流电池储能占比为0.4%，其他新型储能技术占比为1.2%（见图3-4）。

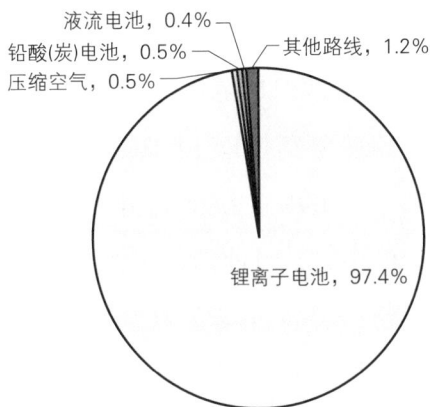

图3-4　截至2023年底我国各类新型储能累计装机量占比

数据来源：国家能源局

新型储能多应用场景发挥功效，有力支撑新型电力系统构建。一是促进新能源开发消纳，截至2023年底，新能源配建储能装机规模约12.36GW，主要分布在内蒙古、新疆、甘肃等新能源发展较快的省份。二是提高系统安全稳定运行水平，独立储能、共享储能装机规模达15.39GW，占比呈上升趋势，主要分布在山东、湖南、宁夏等系统调节需求较大的省份。三是服务用户灵活高效用能，广东、浙江等省的工商业用户储能迅速发展。

（四）电源侧储能仍是电化学储能市场的主力

根据中国电力企业联合会发布的2023年度电化学储能电站行业统计数据，截至2023年底，基于全国电力安委会19家企业成员单位的报送情况，我国累计投运电化学储能电站958座，总规模25.00GW/50.86GW·h；2023年新增投运电化学储能电站486座，总规模18.11GW/36.81GW·h，超过此前历年累计装机规模总和，近10倍于"十三五"末装机规模。我国在建电化学储能电站417座，总规模20.43GW/41.7GW·h。

从应用场景来看，电源侧储能以新能源配储为主，独立储能成为电网侧主力，工商业配储是用户侧的主力军。截至2023年底，电源侧、电网侧、用户侧储能分别投运12.28GW、12.02GW、0.70GW，市场占比分别为49.11%、48.09%、2.80%。电源侧储能以新能源配储为主，平均储能时长2.02小时，目前新能源配储主要分布在内蒙古、甘肃、新疆、山东等省份，总装机均在1GW以上。电网侧储能以独立储能为主，平均储能时长2.06小时，目前独立储能主要分布在宁夏、湖南、山东、湖北等省份。用户侧以工商业配储为主，平均储能时长3.67小时，2023年新增装机全部为工商业配置储能，工商业配储主要分布在浙江、江苏、广东等省份。

（五）电化学储能标准基本完备

1. 电化学储能产业标准编制进展情况

目前，我国电化学储能标准体系基本完备，涵盖规划设计、施工及验收、运行与维护、检修、设备技术要求及试验检测、安全环保、技术管理等方面。《GB/T 42288—2022 电化学储能电站安全规程》《GB/T 36276—2023 电力储能用锂离子电池》《电力储能电站钠离子电池技术条件》《GB/T 34120—2023 电化学储能系统储能变流器技术要求》《GB/T 34131—2023 电力储能用电池管理系统》《GB/T 36558—2023 电力系统电化学储能系统通用技术条件》《电化学储能电站设计标准》《电力系统配置电化学储能电站规划导则》《电化学储能电站接入电网运行控制规范》《电化学储能电站施工及验收规范》《GB/T 42315—2023 电化学储能电站检修规程》等主要标准已经立项或发布，基本满足电力储能领域工程建设和生产运行实际需要。

2013 年，我国开始电力储能国家标准的编制工作，并于 2014 年成立全国电力储能标准化技术委员会（SAC/TC550），归口管理电力储能领域国家标准、行业标准和中电联团体标准。截至 2023 年底，中电联归口管理电化学储能国家标准 46 项，涉及规划设计、设备及试验、施工及验收、并网及检测、运行与维护、评价等方面。我国已发布国家标准 29 项，正在报批标准 12 项，正在编制标准 5 项，构成了电化学储能标准体系的核心部分。

2011 年我国开始能源行业储能行业标准的编制工作。截至 2023 年底，中电联归口管理电化学储能领域能源行业标准 41 项。我国已发布相关行业标准 23 项，正在编制行业标准 18 项。

2. 电化学储能标准制修订对产业的促进作用

储能标准制修订需要全面考虑储能技术的特点、应用场景以及社会和经济环境等因素，从而规范储能行业的发展，提高储能技术的可靠性、安全性和互操作性，促进和加速储能技术在社会和经济中的广泛应用。第一，储能标准化可以有效避免技术层面的安全风险，提高运行层面的操作效率，降低经济层面的生产成本，进而降低储能技术的成本和提高储能系统的效率，促进储能技术在各个领域的应用，在产业链上中下游配套协作、产业间融合发展中起到润滑剂作用，提高产业自主性和可控性，促进产业相互融通。第二，储能标准制修订适时介入能够加强储能技术的创新能力和应用能力，推动储能行业向更高层次和更广泛领域发展，并为科技创新提供转化载体，为创新成果产业化、市场化应用搭建桥梁，进而提升产业核心竞争力。第三，储能标准制修订有利于推动产业国际化发展。通过采用国际标准、参与制定国际标准等方式，推动中外标准协调兼容，突破技术性贸易壁垒，有助于我国电化学储能产品和系统进入国际市场，提高产业国际影响力。第四，储能标准化还能够提高储能产品和系统的质量和安全性，保护消费者利益。

3. 电化学储能标准体系仍需完善

为进一步完善储能标准体系，我国还需加快制修订设计规范、施工及验收等储能电站标准，开展储能电站安全标准、应急管理、消防等方面标准的预研；跟踪储能产业技术发展动态，适时开展新类型的电化学储能关键设备技术要求、检测标准制修订。同时，我国要基于电化学储能与风电、光伏和火电等电源联合运行及电网安全稳定运行、用户侧储能配置需要，开展多种产业链关键环节标准制修订工作。结合新型电力系统建设需求，完善电化学储能标准，支撑行业商业化发展。

4. 电化学储能标准制修订趋势与目标

未来，我国储能标准化需要从技术创新、应用场景、产品规格和装备管理等不同角度进行全面规范。同时，也需要加强国际合作和交流，以实现全球电化学储能技术和产业的共同发展。标准体系建设应考虑技术发展，特别是新技术、新产品的产生，在标准体系中为其预留空间，使标准体系不断更新与充实。标准体系建设应坚持动态和开放等原则，根据产业推进和市场发展不断完善。

5. 下一步工作计划和建议

一是要加强对行业发展趋势的研判，及时修订技术标准体系，加快推动有应用需求的新标准被纳入体系。二是要同步部署技术研发、标准研制与产业应用。健全标准化与科技创新的紧密互动机制，将标准研制嵌入科技研发全过程，加快新技术产业化步伐。三是要加强对新发布国家／行业重点标准的解读与宣传，多组织新发布储能标准宣贯活动，切实推动电化学储能标准从"有"到"用"。四是要以标准化推动我国电化学储能产业国际合作，取得竞争新优势。积极参与国际标准化交流合作，加大采用国际标准力度，大力推进中外标准互认，构建与国际标准兼容的标准体系。五是要有序培养标准化人才，合理建设标准化专家梯队。把加强标准化人才队伍建设摆在标准化工作更加突出的位置，构建多层次标准化人才培养培训体系，培养一批研究型人才、技能型人才，以及掌握技术和规则的复合型国际化人才。

三、我国储能产业实力和规模不断提升

近年来，在国家一系列政策支持下，我国储能产业特别是以锂离子电池储能为代表的新型储能产业发展迅速，成本不断降低，产业链布局不断完善，已进入商业化初期，产业链各环节均呈现快速发展的趋势。

从产业规模来看，2022年我国储能装机量首次超越美国，成为全球第一。2023年，我国全年新增新型储能装机规模达到22.6GW，累计装机量达到31.39GW，已经在全球范围内形成具有较强竞争优势的产业链。

从投资规模来看，"十四五"以来，新增新型储能装机直接推动经济投资超1000亿元，带动产业链上下游进一步拓展，成为我国经济发展"新动能"。

从技术情况来看，我国的抽水蓄能、锂离子电池、铅蓄电池、液流电池技术水平与发达国家大致相当，抽水蓄能已进入商业化运营阶段，电化学储能电池成本不断下降，技术已经具备领先优势，但在飞轮储能、储热蓄冷等技术上与国际先进水平尚存在差距，正处于小型系统示范或样机研制阶段。其中，核心部件国产化问题增加了储能系统集成难度，效率、成本、寿命等指标仍面临较大挑战。

从应用场景来看，我国储能技术的应用场景正逐步拓宽。除传统的电力调峰、系统备用等场景外，储能技术还逐渐应用于分布式电源、微电网、电动汽车、智能家居等领域。尤其是在电动汽车领域，随着新能源汽车市场的迅猛发展，动力电池储能市场也迎来爆发式增长。此外，智能家居中的储能应用也日益普及，为家庭能源管理提供了更多可能性。

在产业主体层面，储能产业链不断完善和市场规模的扩大，吸引了越来越多的企业参与其中。除传统的能源企业和电池制造企业外，还涌现出一大批专注于储能技术研发和应用的新兴企业。这些企业在技术创新、商业模式创新等方面进行了大量尝试，为整个行业的发展注入了活力。同时，政府、科研机构和高校等主体也积极进入产业，为储能产业的持续发展提供了有力支撑。

在商业模式层面，随着技术的进步和市场的逐渐成熟，储能产业的商业模式也日益清晰。一方面，政府通过出台一系列政策措施，为储能产业的发展提供了良好的政策环境。另一方面，企业也在积极探索适合自身发展的商业模式。例如，一些企业通过提供储能解决方案，与新能源发电企业、电力用户等开展合作，探索面向市场的商业模式。还有一些企业通过创新融资方式，吸引更多社会资本投入储能领域，在投融资模式创新方面取得进展。

此外，龙头企业竞争力不断强化。在激烈的市场竞争中，一批具有技术优势、产品竞争力和品牌影响力的龙头企业逐渐脱颖而出。这些企业在储能技术研发、产品创新和应用方面具有较强实力，市场份额稳步提升。同时，它们还通过兼并收购、战略合作等方式进一步强化在产业中的领先地位，为整个产业的健康发展起到引领和支撑作用。

四、我国储能产业发展仍面临瓶颈和挑战

（一）储能配比滞后于可再生能源发展

当前，与可再生能源的发展速度相比，我国部分储能技术研发和市场化进程相对缓慢。虽然锂离子电池技术已经发展为较为成熟的储能技术，但其在成本和大范围应用等方面还存在制约因素。氢储能、液流电池等新兴储能技术依然处于早期发展阶段，还需要突破技术可靠性和经济性等瓶颈。以上原因导致储能发展滞后于可再生能源发展。据国家能源局统计，截至 2023 年底，我国风电和光伏累计装机容量已分别超过 440GW 和 610GW，但包括抽水蓄能在内的储能装机容量尚不足 86.5GW。相较于可再生能源的快速发展，滞后的储能配比给可再生能源的消纳和大范围部署带来新的挑战，进而导致系统负荷增大和能源浪费问题。此外，为了保证储能系统能够有效与可再生能源发电系统协同运行，在储能系统规划和布局时需要综合考虑电力系统的运行需求、可再生能源的供应特性、市场机制、电网规划和运营管理等要素。

（二）储能产业标准体系不够完善

当前，我国储能技术的相关标准体系还不够完善，在电池管理系统、能量管理系统、并网验收、电池回收等环节存在缺位。受此影响，

储能行业发展面临以下挑战。第一，储能技术的规范化和统一性发展因缺乏对口标准而受到限制。不同企业和不同项目之间没有统一的技术标准，导致储能系统在设备设计、制造和项目运行时存在一定偏差，这又会降低储能系统的整体性能和互操作性，大大增加了系统集成和运维的难度。第二，项目的建设和运营因为缺少统一的验收标准而存在不确定性。由于缺乏一致的验收程序和标准，对储能项目的并网验收结果的判断和评估缺乏必要的依据，增加了储能项目建设、运营的成本和风险。

（三）新型储能技术成熟度仍需进一步提升

目前，我国应用规模最大且最成熟的储能技术是抽水蓄能。其他储能技术的应用大多处于起步阶段，其成熟度还需进一步提升。随着能源行业向低碳方向转型，需要建设"风光水储一体化"和"源网荷储一体化"基地及推动分布式能源的发展，电力系统对于灵活性的需求不断增加。因此，储能技术的潜在应用场景也在不断涌现。为满足这一需求，要持续研发大容量、低成本、高效率、高可靠性和高安全性的储能适用技术，以支持电力系统的持续发展。虽然电化学储能等技术相对成熟，但其经济性和适应性仍需提升，依然存在安全风险。总的来看，我国储能电站发展面临缺乏有效的安全技术标准、项目系统集成化程度低等问题，存在一系列安全隐患。此外，由于技术不够成熟、规模化应用不足等问题，我国储能电站的成本依然较高，经济性不够显著。

（四）储能市场的独立主体地位尚不明确

近年来，我国电力市场进行了一系列改革创新，但依然没有形成以储能为主体的独立市场。尽管储能主体具有调节电力供需关系、缓冲负荷波动等优点，对提升电力系统运行的稳定性和电力分配的灵活性能够发挥显著作用，但电力市场机制的不完善导致储能技术的商品属性无法在现有市场中充分展现。另外，储能技术的市场准入和监管问题还没有得到有效解决。储能技术在成本和运营模式方面存在挑战，因其复杂性需要政策支持和明确的准入规定，以确保市场公平竞争和规范运行。然而，当前储能领域监管政策和市场准入要求尚不明晰，储能项目的投资和发展面临着不确定性，限制了其规模化应用和发展。最后，发电和负荷是电力市场中参与交易的主体，储能是介于发电和负荷之间的媒介，在电力现货市场中的独立性尚不明确。在电力市场中，储能被视为发电和负荷的辅助资源，其市场交易主要通过与可再生能源发电项目捆绑来销售或作为配网设备的一部分。然而，作为一种灵活的电力资源，储能应成为与发电、负荷等具有相同地位的独立市场，并直接参加电力交易。

（五）储能市场发展仍需规范

储能产业特别是锂离子电池储能的快速发展，导致行业出现一定乱象。2022 年新成立的储能相关企业超过 3.7 万家，2023 年新增储能企业已超过 5 万家，大量企业涌入储能赛道，造成低水平、同质化竞争。2023 年底，锂离子电池储能系统报价已跌至 0.8 元 / 瓦时左右，部分集采中标价更是低于 0.6 元 / 瓦时。激烈的低价竞争导致产业链整体无法盈利，部分企业甚至减少材料、工艺等环节的投入以降低产品成本，给后续的电站运行维护带来安全隐患。然而，为实现储能系统特别是分布式储能的全面商业化，我国仍需要进一步降低储能系统生产成本，从而降低产品使用成本。

据统计，我国现有储能集成商产能为 232GW·h，规划总产能为 845GW·h。根据相关调研数据，2023 年我国储能锂电池出货 206GW·h，同比增长 58%，约占 2023 年全球储能锂电池出货量的

91.5%，市场已基本饱和。由于欧洲、北美市场的能源、经济环境变化，天然气价格回落、装机速度降低，导致部分出口储能产品库存积压、价格波动，国内储能商业模式、电价定价机制尚未完善，最终形成了高端储能产品产能不足、低端产能无序扩张的局面，部分企业甚至出现偷工减料、以次充好现象，储能产业发展亟待规范。

（六）稳定、可持续的投资收益机制尚未形成

稳定、可持续的投资收益机制是储能产业发展的基础。目前，我国储能电价尚未被纳入收费电价过程，不能享受作为特殊能源的政策性价格支持。在当前市场条件下，储能项目作为独立项目，只有价差超过0.45元/千瓦时或每年调峰调频超过500小时才能盈利，但实际上这很难实现。因此，储能项目盈利能力不强，盈利预期不稳定，很难吸引大规模投资。现有资本投资收益预期与企业经营业绩存在差距，一定程度上影响储能行业前景。同时，在新能源配备储能的政策下，各发电企业开始配备储能项目，其目的不在于储能项目本身的盈利，而是为了获得新能源项目指标。但由于储能项目前期投资大，远超出项目当前的收益，储能项目面临较大的盈利挑战。

目前，我国尚未形成统一、规范的储能参与电力市场模式，不同省份对储能市场主体能够参与的市场模式、交易规则要求存在明显差异。因此，国家层面提出要加强储能并网运行管理，推动建立储能电站运行效果评估与考核机制，将储能电站纳入"两个细则"考核范围，新能源配建储能与新能源电站一起参与考核，减少考核支出，提升储能电站运行水平。

此外，我国电力市场化机制尚不成熟，新能源配储参与电力市场现货交易仍在探索中，容量补偿机制仍在研究制定中，缺乏统一、平等、稳定的储能容量回收机制，而且发电侧储能参与辅助服务市场条

件不成熟。我国新能源配储利用率低，由于新能源配储运行策略差异较大，大部分储能电站采用弃电时一充一放的运行策略，个别项目存在仅部分储能单元被调用、每月平均充放 2 次甚至基本不被调用的情况。

（七）"强制配储"导致储能项目利用率不高

当前，我国新能源配储建设缺乏合理规划，各省份对于新能源发电配储的比例普遍要求为 5%~20%，储能时长要求为 1~4 小时。然而，由于各地风、光资源有一定差异性，因此对于储能的配置要求不应"一刀切"，同质化的配储要求不仅缺乏依据，还会导致配储建设无法满足实际需求，引发重复建设和资源浪费。根据中国电力企业联合会的统计数据，2023 年上半年我国电化学储能平均运行系数为 0.17，平均利用系数为 0.09，平均等效充放电次数为 92 次（相当于每 1.7 天完成一次完整充放电过程），平均利用率指数为 0.34（相当于达到电站平均设计利用小时数的 34%），平均出力系数为 0.70（电站全出力运行小时数与运行小时数的比值），平均备用系数为 0.82。从整体来看，我国电化学储能电站利用水平不及预期。"强制配储"等因素不仅导致新能源配储经济性不显著，还制约了新能源发电侧配储项目的发展。

第 四 章
新型储能产业将迎来发展新机遇

新型储能响应快、配置灵活、建设周期短，有效规避了传统抽水蓄能的地理限制，提高了电力系统的灵活性，为实现碳达峰、碳中和目标提供了重要支撑，成为储能产业升级转型的必由之路。2023年1月，国家能源局发布的《新型电力系统发展蓝皮书》提出，新型储能的六大技术路线涵盖锂电池储能、钠离子电池储能、液流电池储能、空气储能、飞轮储能、重力储能等。其中，飞轮储能、重力储能、空气储能属于机械式储能，锂电池储能、钠离子电池储能、液流电池储能属于电化学储能。

一、传统抽水蓄能具有稳定性和较强实用性

我国抽水蓄能电站的建设起步较晚，但由于后发效应，起点较高，近年建设的几座大型抽水蓄能电站技术已处于世界先进水平。抽水蓄能电站的主要投资方仍以能源央企为主，占比约为85%；地方能源国企投资占比约为10%。随着国家鼓励社会资本投资抽水蓄能电站政策的出台，部分民营企业也进入抽水蓄能领域，但投资占比仍较低，不足5%。我国抽水蓄能电站的主要建设企业包括中国电建、中国能建及粤水电等，中国安能、中国铁建等企业也参与抽水蓄能电站部分地下工程建设。

我国抽水蓄能产业经过多年发展，产业链体系已基本形成。抽水蓄能产业链上游主要由水轮机、水泵、发电机、主变压器、监控系统、调速系统等设备及系统企业构成，抽水蓄能设备方面的代表企业有浙富控股、通裕重工、杭锅股份、大元泵业、东音股份、凌霄泵业、国投电力、华能水电、北方华创、赢合科技等。抽水蓄能产业链中游主要由抽水蓄能电站设计及建设、抽水蓄能电站运营商两类主

体构成，抽水蓄能电站设计、建设企业主要包括中国电建、中国能建、国投电力、湖北能源、永福股份、桂冠电力、安徽建工、吉电股份等。抽水蓄能电站运营商主要包括国家电网、南方电网等。抽水蓄能产业链下游为抽水蓄能电站在电网系统的辅助应用，包括削峰、填谷、调频、调相等用途（见图4-1）。

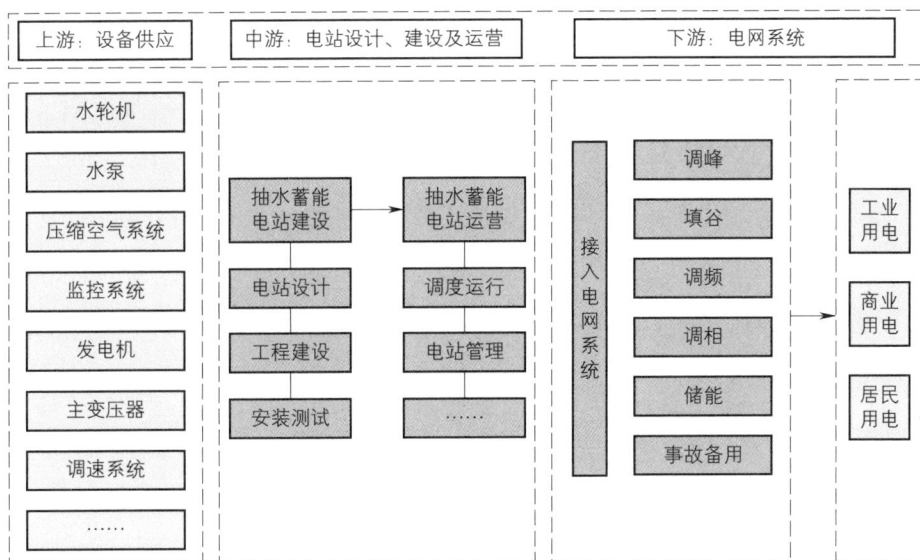

图4-1　抽水蓄能产业链

资料来源：作者根据公开资料整理

二、新型储能系统成为最具潜力的发展方向

（一）机械式储能

1. 飞轮储能

飞轮储能产业链包括上游的原材料供应、中游的制造和系统集成以及下游的应用三个部分。上游原材料主要包括储能装置核心

部件、储能轮体、电机、飞轮外壳等；在下游，飞轮储能可用于电网调峰调频、轨道交通、航空航天、军工、UPS 电源、储能式电动汽车充电桩等领域（见图 4-2）。

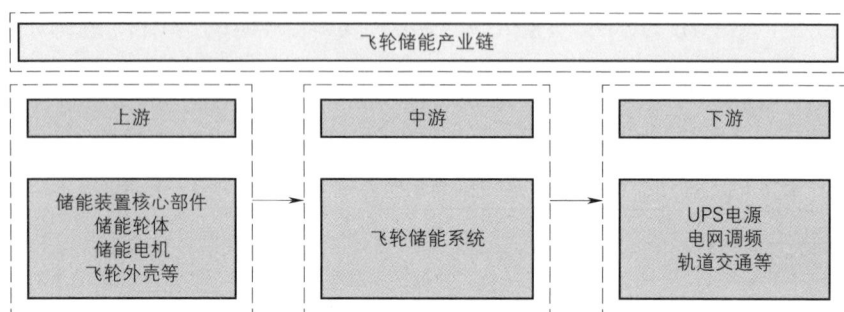

```
┌─────────────────────────────────────────────────────┐
│                     飞轮储能产业链                      │
└─────────────────────────────────────────────────────┘

  ┌──────────┐        ┌──────────┐        ┌──────────┐
  │   上游    │        │   中游    │        │   下游    │
  └──────────┘        └──────────┘        └──────────┘

  ┌──────────┐        ┌──────────┐        ┌──────────┐
  │储能装置核心部件│  →  │          │  →  │ UPS电源   │
  │ 储能轮体  │        │ 飞轮储能系统│        │ 电网调频  │
  │ 储能电机  │        │          │        │轨道交通等 │
  │飞轮外壳等 │        │          │        │          │
  └──────────┘        └──────────┘        └──────────┘
```

图 4-2　飞轮储能产业链

资料来源：作者根据公开资料整理

国内飞轮储能行业处于起步阶段，大部分公司未上市。国内飞轮储能研究起步较晚，早期从事飞轮储能技术研发的主体主要有北京飞轮储能（柔性）研究所、核工业理化工程研究院、中科院电工研究所、清华大学、华北电力大学、北京航空航天大学等，以偏基础的技术研究为主，有部分主体从事飞轮储能系统的应用开发。华阳股份两套600kW 全磁悬浮飞轮储能系统于 2021 年 8 月下线，用于深圳城市轨道交通。国机重装下属二重德阳储能科技有限公司自主研发了 100kW、200kW 飞轮储能装置，2020 年实现飞轮储能装置项目上线运行。广大特材开发了飞轮储能转子产品，已装机运行。苏交科子公司交科能源已开发基于飞轮储能的通用能量回收整套系统，湘电股份所属子公司湘电动力有限公司与其他单位联合研制中国首台（套）1MW 飞轮储能装置，在青岛地铁 3 号线万年泉路站完成安装调试并顺利并网应用。在部分省份发布的新型储能示范项目中，也出现了百兆瓦级的飞轮储能示范项目。例如，位于河北省的河北建投新能源围场飞轮储能示范项目和国合节能设备有限公司贝肯（石家庄）井陉飞轮储能示范项目容量规模均达到 100MW。

飞轮储能系统将在可再生能源集成中发挥重要作用，助力平衡电力供应。伴随着全球可再生能源应用规模的扩大，飞轮储能将成为重要的能源存储解决方案，确保电网稳定运行。同时随着飞轮储能技术进一步成熟、产品成本不断下降和应用领域逐渐拓宽，飞轮储能在能源可持续发展领域前景广阔。

2. 压缩空气储能

压缩空气储能的产业链上游为设备、资源供应，核心设备包括空气压缩机、透平膨胀机、蓄热换热系统等，此外还需要储气盐穴资源等。产业链中游为技术提供与项目建设，下游为电网系统。压缩空气储能电站接入电网系统，服务于工业用电、商业用电、居民用电等，发挥调峰、填谷、调频、调相、储能、事故备用等重要作用（见图 4-3）。

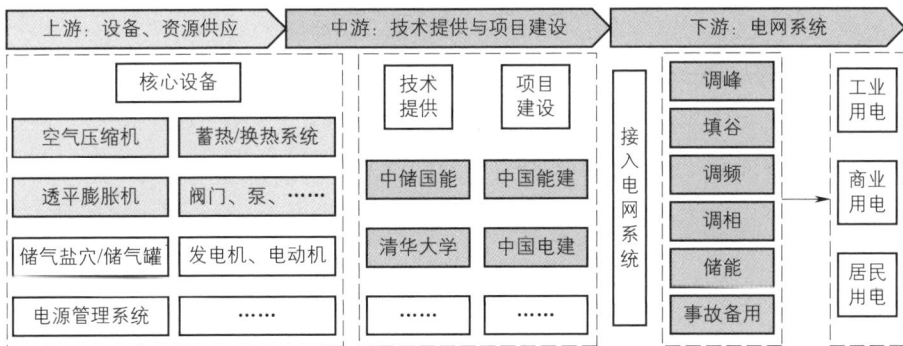

图 4-3　压缩空气储能产业链

资料来源：作者根据公开资料整理

现阶段，我国压缩空气储能正处于产业化初期，属于典型的投资额较大但长期收益稳定的重资产项目，回收周期为 10 年左右。由于压缩空气储能电站的建设周期较短，使用寿命长达 30～50 年，所以长期收益良好，其发展前景较为乐观。

以中储国能（北京）技术有限公司投资建设的肥城 300MW 盐穴压缩空气储能国家示范项目为例，在用电低谷时，储能系统利用电能驱动电动机，带动压缩机，将空气压缩并储存在地下盐穴中，这个过程中产生的压缩热被储存在球罐中；在用电高峰时，储能系统则释放盐穴内的高压空气，高压空气经储存的压缩热预热升温后，驱动膨胀机带动发电机进行发电，再把电力送到电网，配合电网进行调峰。该示范项目于 2023 年 2 月开工建设，2024 年 4 月完成并网，成为全球规模最大的压缩空气储能项目。

3. 重力储能

重力储能产业链上游为基建原材料以及机械设备供应主体。重力储能需要用到金属、水泥等能量密度较高的物质作为重物，因此所选择的材料以及设备均属于基建类。产业链中游为重力储能产业的核心环节，主要包括储能系统建设主体和运维主体等。在重力储能系统建设方面，由于重力储能对于控制条件要求较高，储能系统建设存在一定技术壁垒。因此，处于中游的储能系统建设主体的技术水平将直接影响这种储能项目的运行情况。在重力储能系统运维方面，重力储能系统运维可提高储能项目充放电效率。重力储能下游应用可面向发电侧、电网侧、用电侧全方位开放。就当前的形势看，随着风力电站以及光伏电站等新能源电站发电量比例提高，发电侧配储需求强烈。由于电力供应和需求不匹配，新能源发电无法供应稳定电力，电网侧储能能够应对用电峰谷，保证电网电力供应需求相对平稳，其储能需求正在爆发。从用电侧来看，峰谷价差拉大，导致用电端套利空间逐步打开，工商业以及户用储能意识增强。

2022 年 2 月，中国天楹获得 EV 重力储能技术授权，开始进军储能市场，是国内少数正在建设大规模商业化项目的企业。中国天楹相继在通辽、毕节、乌拉特中旗等地布局多个重力储能项目，项目合计装机容量超4GW·h。2023年6月，其全资子公司江苏能楹与河北怀来县达成协议，建设服务于数据中心的重力储能项目，装机容量为100MW·h。

（二）电化学储能

1. 锂离子储能

锂离子储能电池产业链上游以磷酸铁锂电池原材料为主，包括正极材料、负极材料、隔膜、电解液及电池生产装备等，电池生产装备主要包括涂布机、搅拌机等。储能产业链中游包括电池组、储能逆变器等供应商，以及电池管理系统（BMS）、能量管理系统（EMS）等软件系统开发商，储能系统集成方案供应商等。其中，储能系统提供商主要负责提供储能系统中某个或多个部件的集成。储能产业链下游包括发电侧、电网侧及用户侧三大类应用场景。发电侧应用场景包括新能源电站及传统电站，电网侧应用场景主要为电网公司，用户侧应用场景则主要面向工商业企业和个人等（见图4-4）。

从产业链全景来看，在上游领域，电芯原材料代表企业有当升科技、杉杉股份、璞泰来、德方纳米、贵州安达、贝特瑞、天赐材料、恩捷股份、新宙邦、星源材质等，电池生产装备代表企业有杭可科技、先导智能、北方华创、吉阳智能、赢合科技等。在产业链中游，电芯制造的代表企业有宁德时代、比亚迪、海基新能源、国轩高科等，电池管理系统代表企业有科工电子、高特电子、高泰昊能等，储能变流器代表企业有阳光电源、科陆电子、科华恒盛、南瑞继保等，能量管理系统制造代表企业有派能科技、国电南瑞、中天科技、平高电气等，储能系统集成代表企业有海基新能源、阳光能源、库博能源、猛狮科技、南都电源、上海电气国轩等。产业链下游系统应用代表企业主要有华能集团、大唐集团、许继集团、平高集团、国家能源、国投电力、中核集团等。

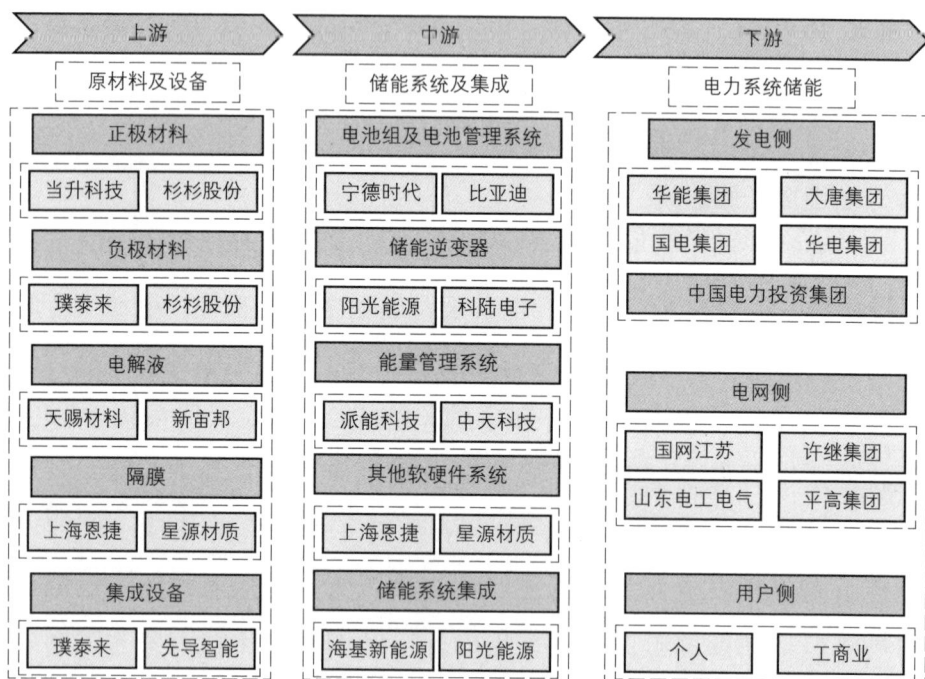

图 4-4　锂离子储能电池产业链

资料来源：前瞻产业研究院

2. 钠离子电池

我国钠离子电池产业链还处于初级阶段，产业发展尚不成熟。钠离子电池产业链结构与锂电类似，包括上游资源企业、中游电池材料及电芯企业、下游应用领域（见图 4-5）。产业链部分环节变化如下：铝箔代替铜箔，钠盐代替锂盐，隔膜材料没有变化。由于钠离子电池本身的特性，正极、负极及电解质等均需要切换，产业链布局仍需完善。

钠离子电池上游原材料企业主要包括攀钢钒钛、河钢股份、建龙集团和华阳股份等，铝箔企业主要包括鼎盛新材、万顺新材、南山铝业和云铝股份等，氰化钠相关企业主要包括安庆曙光、河北诚信、重庆紫光等，二氧化锰相关企业主要包括湘潭电化、红星发展等。电池级碳酸酯相关企业主要包括石大胜华、海科新源、奥克股份等，电解液主盐企业主要包括天赐材料、多氟多、江苏国泰、永太科技等。

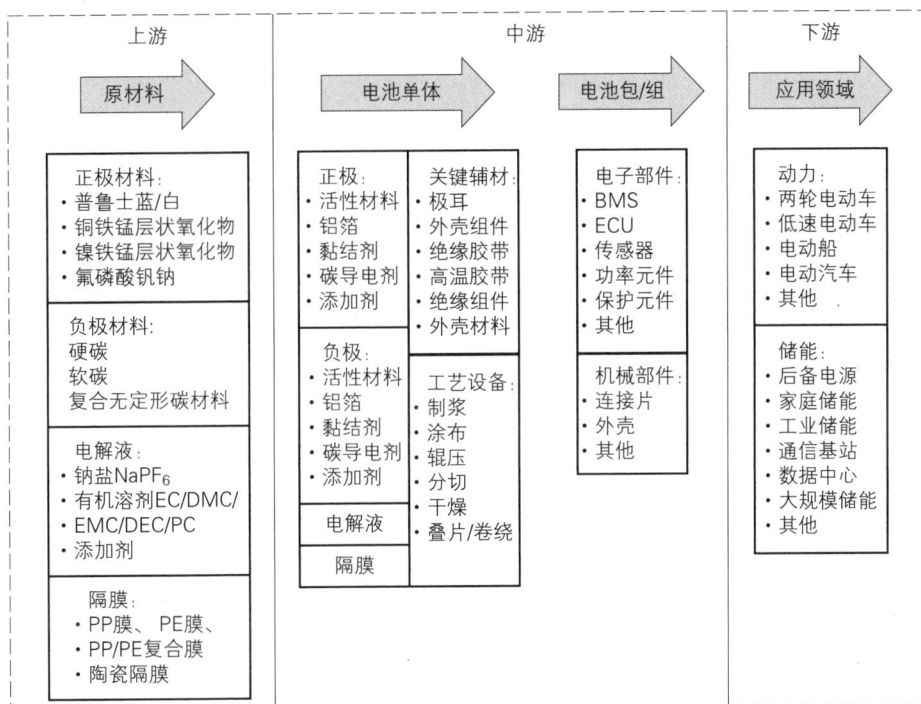

上游	中游		下游
原材料	**电池单体**	**电池包/组**	**应用领域**
正极材料： • 普鲁士蓝/白 • 铜铁锰层状氧化物 • 镍铁锰层状氧化物 • 氟磷酸钒钠 **负极材料：** 硬碳 软碳 复合无定形碳材料 **电解液：** • 钠盐$NaPF_6$ • 有机溶剂EC/DMC/ 　EMC/DEC/PC • 添加剂 **隔膜：** • PP膜、 PE膜 • PP/PE复合膜 • 陶瓷隔膜	**正极：** •活性材料 •铝箔 •黏结剂 •碳导电剂 •添加剂 **负极：** •活性材料 •铝箔 •黏结剂 •碳导电剂 •添加剂 **电解液** **隔膜**	**关键辅材** • 极耳 • 外壳组件 • 绝缘胶带 • 高温胶带 • 绝缘组件 • 外壳材料 **工艺设备** • 制浆 • 涂布 • 辊压 • 分切 • 干燥 • 叠片/卷绕	**电子部件：** • BMS • ECU • 传感器 • 功率元件 • 保护元件 • 其他 **机械部件：** • 连接片 • 外壳 • 其他

图4-5　钠离子电池产业链

资料来源：天风证券

中游钠离子电池生产环节有两类企业备受关注。一类是以宁德时代为代表的锂电龙头企业，具备规模化起量迅速、上下游客户结构稳定两大在位者优势，有利于其快速抢占钠离子电池市场。国内还有包括鹏辉能源、欣旺达在内的多家公司已布局钠离子电池。另一类是以中科海钠为首的专注于钠离子电池研发的新企业，其研发基础雄厚，涉及正负极、电解液、隔膜等全领域，量产规模走在国际前列，具备先行开拓市场潜力。钠离子储能下游企业基本与锂离子储能应用企业相同。

3. 全钒液流电池

全钒液流电池产业链初步形成，包括上游原材料供应商、中游钒电池集成商、下游 EPC 及用户等。上游涉及电堆及电解液制备原材料，包含 V_2O_5、离子交换膜、电极、双极板等；中游涉及电解液、电堆的制备与电池的制造（见图 4-6）。其中，电解液价值量占比最高，为 40% ~ 80%，由钒材料供应商匹配；其次是电堆的价值量，离子交换膜占电堆成本的 30% ~ 40%。

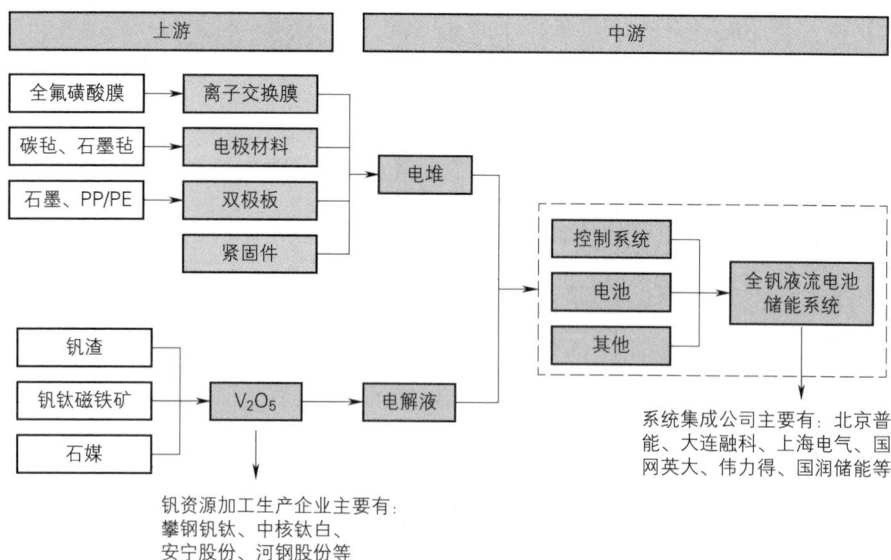

图 4-6　全钒液流电池产业链

资料来源：中信证券

目前，国内已有多个百兆瓦级全钒液流储能电站投运。2019 年至今，全国投运了 20 余个全钒液流储能项目，其中百兆瓦时级项目占一半。2022 年 9 月，国内首个 GW·h 级全钒液流储能电站——察布查尔县 25 万千瓦 /100 万千瓦时全钒液流电池储能项目开工建设。2022 年 5 月，总建设规模 200MW/800MW·h 的大连液流电池储能调峰电站国家示范项目一期并网投运，一期建设规模为 100MW/400MW·h。

辽宁省法库县国电龙源卧牛石 5MW/10MW·h 全钒液流电池储能系统（电源侧 – 风力发电配储）已运行了 10 多年，仍正常稳定运行，是至今全球运行时间最长的兆瓦级以上全钒液流电池系统，验证了钒电池的安全性、可靠性和稳定性。

（三）化学储能

在化学储能中，氢储能是最具潜力的发展方向。氢储能既可以与电网融合协同，在新型电力系统中发挥储能的柔性支撑作用，也可以在电网之外单独组成氢能输运供应网络，自成体系，独立运营，应用于工业、交通、建筑、电力等领域。现阶段氢储能经济性较差，调节成本为 1.8 元 / 千瓦时左右，而锂电储能只需要 0.5 元 / 千瓦时左右，抽水蓄能成本不及锂电储能的 1/2。未来，随着系统成本下降及能量转化效率提升，到 2060 年氢储能成本有望下降至 0.4 元 / 千瓦时。虽然氢储能系统面临诸多挑战，存在"电 – 氢 – 电"转化过程效率较低、氢储能系统投资成本较高、在"一天一充一放"或"一天两充两放"的套利模式下经济效益较差等问题，但是在技术水平提升与盈利模式完善的基础上，氢储能系统经济性将显著提升。

2023 年 9 月，克拉玛依市白碱滩区氢储能调峰电站新型储能示范项目启动，首期建设 400MW 光伏发电场，年发电量 5.6 亿千瓦时，配套 210MW·h 氢储能调峰电站，年制氢量为 1.3 亿标准立方米。通过氢燃料电池发电，年产稳定绿电电量约 3.6 亿千瓦时。2022 年 7 月，国网安徽综合能源服务有限公司投资建设国内第一个兆瓦级氢能源储能电站并网，年制氢量可达 70 余万标准立方米，氢发电量 73 万千瓦时。

（四）电磁储能

在超级电容器产业链上游原材料环节，电解液国产化配套已相对成熟，电极材料、隔膜等高技术壁垒领域的国产化正加快推进。在中游超级电容制造环节，本土超级电容企业新建、扩产项目稳步推进，实现技术突破。在下游终端应用环节，电力能源是超级电容最主要的两大增量市场之一，本土新能源市场的快速扩大将带动超级电容产业链向国内迁移。

综上所述，从产业进展上来看，我国储能体系中，抽水蓄能技术路线仍占主导地位，新型储能中以锂离子电池为主，锂离子电池储能已经形成较为完备的产业链。压缩空气储能、全钒液流电池储能等也在加速发展，其中压缩空气储能正在由 100MW 向 300MW 功率等级方向加速发展。钠离子电池储能、重力储能等新技术陆续开展示范应用。氢储能是极具发展潜力的规模化储氢技术，当前以高压氢气储能为主，液态、固态储氢技术上有待突破。从能量密度来看，锂离子电池与钠离子电池具有较大优势，单位质量的电池可存储更多能量。从使用寿命来看，抽水蓄能、压缩空气储能、超级电容储能、超导储能、热熔融盐储能等相较于其他储能方式处于领先地位，其设备寿命可达 30 年以上，更长的使用寿命和更多的循环次数能够有效降低其使用寿命内单次循环成本。从初始投资和度电成本来看，锂离子电池和钠离子电池在初始投资成本以及单位能量成本方面具有较大优势。全钒液流电池的初始投资和度电成本均处于中等水平，抽水蓄能、压缩空气储能等机械储能方式的度电成本较有优势，但前期的初始投资较大，需运行较长时间方可回收成本，超级电容储能成本依然较高，难以达到大规模应用的水平。

三、锂离子储能电池产业链已经形成全球竞争优势

锂离子电池储能产业链上游主要包括锂离子电池、铅蓄电池、液流电池、压缩空气储能以及其他新兴储能技术。锂离子电池储能产业

中游集成企业主要包括储能变流器（PCS）、电池管理系统（BMS）、能量管理系统（EMS）、热管理、消防系统等环节的企业；下游是不同的应用场景，包括风/光/传统电站、电网公司、家用储能等，各产业链龙头企业主要分布于江苏、浙江、福建、广东、安徽等东南沿海区域。下面以应用最广泛的锂离子电池为例介绍储能产业链的情况。

2023年储能锂电池出货量延续了上一年强劲的增长势头，全年出货量达167GW·h，同比增速超过80%。出货量排名前十的企业包括宁德时代、比亚迪、亿纬锂能、海辰储能、瑞浦兰钧、远景动力、中创新航、国轩高科、鹏辉能源、兰钧新能源，这10家企业的累计市占率达95%以上。

1. BMS产业

在电化学储能系统中，BMS系统需要与电网进行通信，控制谐波、频率等关键参数，并实现与PCS以及监控系统信息交互。PCS控制器通过CAN接口与BMS通信获取电池组状态信息，可实现对电池的保护性充放电，确保电池运行安全。由于储能系统电池数量很多，系统很复杂，运行环境也比较恶劣，这对BMS的抗干扰性能提出了非常高的要求。同时，储能系统有很多电池簇，存在簇间的均衡管理和环流管理问题，因而电动汽车BMS无法直接应用到储能系统上。

2023年，我国储能BMS市场规模超过60亿元，第三方BMS出货量排名前五的企业依次为高特电子、协能科技、科工电子、沛城科技、高泰昊能，市场未来的增长潜力仍然很大。

2. EMS产业

储能能量管理系统（EMS）是一种能够优化电力系统运行的技术系统，它通过对电力系统各个环节进行监测、分析和控制，实现电力系统的最优化运行、调度和管理。储能能量管理系统（EMS）在储能产业链中处于重要位置，可以对储能系统进行全面管理和调度，提高储能系统的效率和稳定性，同时为电力系统的发展提供有力支撑。

相较于电化学储能产业链中游其他子系统，能量管理系统成本较低，市场需求较小，仅占系统总成本的3%左右。我国EMS龙头企业主要包括长园科技、南瑞继保、德联软件、四方继保、国电南自、许继电气、国能日新、远景能源、平高集团、南京中汇等，这些企业的累计市占率达60%以上，在储能EMS的研发、生产和销售方面形成较大优势。

3. PCS产业

储能变流器（PCS）是连接储能电池系统和电网的双向电流可控转换装置。PCS将电池系统输出的直流电转换为可供电网输送的交流电，并根据能量管理系统（EMS）的指令和电池管理系统（BMS）提供的参数，精确快速地调节电压、电流、频率和功率等，实现恒功率恒流充放电和平滑波动性电源输出，保障电池安全，提高传输效率和电能质量。PCS产业链上游为电子元器件供应商，下游主要应用领域为电源侧、电网侧、户用式和微电网储能等。IGBT模块用于电压、电流和频率等的调节，其效率直接影响PCS的功率转换效率，是PCS的核心元器件之一。

2023年，我国PCS出货量排名前十的企业依次为阳光电源、中车株洲、厦门科华、南瑞继保、广州智光、平高电气、新风光电、许继电气、北京英博和宏盛电气。

4. 热管理

热管理技术主要涵盖风冷、液冷、热管冷却和相变冷却技术，不同的热管理技术可以用于产热率和环境温度不同的应用场景。在热管理系统中，主要零部件分为阀类、换热器类、泵类、压缩机类、传感器类、管路以及其他运用较多的部件。

风冷冷却系统结构简单、便于安装、成本较低。空气的比热容低，导热系数也很低，较难满足电容量较大的储能系统散热要求，且进出口的电池组之间的温差偏大，电池散热不均匀，较适用于家用小功率储能电柜。液冷方式以水、乙二醇水溶液、纯乙二醇、空调制冷剂和硅油等液体为冷却介质，通过对流换热将电池产生的热量带走。液冷技术可以对每一个电芯进行精准的温度管理，满足了大系统容量下越来越高的热管理要求，正逐渐成为储能系统的主流方案。2023 年，我国科华数能、阳光电源、中天科技、奇点能源、南都电源、天合储能、弘正储能等重点企业发布的新品均涉及液冷技术。

5. 储能系统集成

储能系统集成是指按照用户需求，选择合适的储能技术和产品，将储能电池、电池管理系统、能量管理系统、储能变流器等各个单元组合起来，为户用、工商业、发电侧、电网侧等各类场景打造"一站式"解决方案，使储能电站整体性能达到最优。我国储能系统集成商大致可分三类：第一类布局储能全产业链，储能系统的主要部件均由自己生产，代表企业为阳光电源；第二类为专业集成商，可针对不同应用场景提供定制化集成服务，代表企业为海博思创；第三类依托自身产品，从单纯的设备供应商转型为系统集成商，如宁德时代、比亚迪等。随着光伏企业和锂电池企业进入储能产业，这类储能系统集成商的队伍日益壮大。2022 年，我国出货量排名前十的储能系统集成商依次为：阳光电源、中车株洲所、海博思创、南都电源、远景能源、新源智储、电工时代、融和元储、金风零碳和平高。

四、新型储能体系与新兴技术深度融合发展

随着能源结构的转型和科技革命的深化，新型储能体系与新兴技术呈现出深度融合的趋势。人工智能、大数据、5G 等技术的飞速发展，为新型储能体系的建设和应用进行了深度赋能。2021 年 7 月，国家发展改革委、国家能源局联合发布的《关于加快推动新型储能发展的指导意见》指出，鼓励聚合利用不间断电源、电动汽车、用户侧储能等分散式储能设施，依托大数据、云计算、人工智能、区块链等技术，结合体制机制综合创新，探索智慧能源、虚拟电厂等多种商业模式。《"十四五"新型储能发展实施方案》也提出，依托大数据、云计算、人工智能、区块链等技术，重点推动规模化储能系统集群协同控制技术，以及分布式储能协同聚合技术，涉及储能不同场景及交易结算等方面的应用。

（一）技术融合促进新型储能体系发挥更大支撑作用

如前所述，调节和帮助电网克服波动性是新型储能系统的一大优势，这对底层的硬件设备、中间的控制类设备及云端的算法策略和平台间的衔接都有更高的数字化、智能化要求，需要高效、智能、安全的手段帮助储能系统解决数据采集、分析、传输和存储等关键问题，实现储能系统的高效调度和价值的最大化。因此，储能运营企业积极利用大数据、人工智能、5G 等新技术，开启智能化运营服务新模式，为储能电站参与电力市场、提高电站盈利能力奠定基础。

大数据技术为新型储能体系的运行和管理提供了强大的数据支持。通过实时收集和分析储能设备的运行数据，能够及时发现设备存在的问题，提高设备的可靠性和安全性。同时，大数据还可以用于预测能

源需求，优化能源调度，提高能源利用效率。

5G 技术为新型储能体系提供了高速度、低延迟的数据传输通道，使智能电网建设、远程监控和管理储能设备成为可能，从而实现能源的分布式管理和智能化调度运营，大大提高了运维效率。例如，通过5G 通信技术，将储能系统实时数据和消纳场景进行智能识别和研判，从而实现储能系统的智能控制和储能电池的精准调配，提高了整个储能系统的效率和使用寿命。

AI 技术则是提升数智化水平的有力抓手，在与储能技术的融合应用中，能够有效实施运行监控、优化调度等功能，优化储能设备的充电和放电过程，提高其运行效率和寿命。AI 还可以用于预测储能设备的性能衰减程度，运维人员可提前进行维护和更换，降低运营成本。

（二）数字技术为储能系统搭建协同管理平台

以物联网、区块链等为"技术底座"，借助"云－边－端"物联网架构建设储能云平台，可实现储能系统的大规模协同管理，提升响应速度，确保储能系统处于最佳运行状态。同时，依托数字技术可优化储能电站散热管理、功率分配等功能，降低储能电站的自身能耗和电能的二次损耗，提升运行效率。

1. 利用数字技术可降低储能系统成本

通过建立电池的可重构网络，能够实现对电池的柔性和精细化控制，大幅降低电池成本。依托云计算、区块链等数字技术，用户可按需使用集中式或分布式共享储能资源，按需支付服务费，共同分担投资和运维等方面的成本，从而降低每个用户的相关费用支出和社会的整体资源投入。一旦发生故障，运维人员可第一时间通过线上操作完成故障电池模组的检测和单独隔离，有效降低运维成本。

2. 利用数字技术可提高储能系统的安全防护水平

数字化的储能系统可以通过电池的可控并联来降低热损耗，通过电芯间的动态重组来防止热堆积，降低电池故障发生概率。通过控制可重构电池网络开关实现故障控制，避免电池出现热失控现象，提升储能系统的安全水平。建设数据采集系统，可增强储能系统的感知能力。建设电池管理系统，并结合人工智能技术评估电池的健康状态及剩余寿命等关键指标，在此基础上开展电站和设备的状态分析、预警，可有效提升安全防护水平。

3. 利用数字技术可提升储能系统整体利用效率

2014年，清华大学能源互联网创新研究院提出了"云储能"的概念。2018年，国网青海省电力公司提出了"共享储能"的概念。目前，相关模式已在多个地区推广应用。区块链等数字技术是支撑"共享储能""云储能"等新模式的底层技术，可将零散的储能资源整合在一起，实现储能资源的跨时空共享、复用，助力盘活闲散的储能资源，提升储能设备的利用率。

第 五 章
储能产业推进路径
趋向多元化

一、先行地区不断优化储能产业生态

从我国储能产业链的企业分布情况来看，广东、江苏的企业较为集中、产业链相对完善、产业集中度较高。从国家先进制造业集群层面来看，储能产业相关的集群有宁德市动力电池集群、保定市电力及新能源高端装备集群和成都市、德阳市高端能源装备集群等。从代表性企业分布区域来看，广东、江苏、北京、浙江的代表性企业较多（见图 5-1），覆盖产业链范围较广。例如，广东拥有华为、比亚迪、亿纬锂能、欣旺达等企业，江苏拥有国电南瑞、中天科技、远景动力、孚能科技等企业，浙江拥有正泰集团、南都电源、西子洁能、中恒电气、炬华科技等企业，北京拥有国投电力、华电集团、京能国际等不同类型的企业，并集中了大量下游储能应用企业总部。

从产业规模来看，广东、江苏、福建、四川等省的储能产业规模位居全国前列。广东省新型储能产业基础好，覆盖了储能电池材料制备、电芯和电池封装、储能变流器、储能系统集成和电池回收利用全产业链，新型储能产业处于全国领先水平，具备全球竞争力。具体来看，广东深圳已打造成为全国重要的锂电池关键材料产业集群，珠海、广州、惠州等地锂电池产业蓬勃发展。

（一）广东省

2023 年，广东省在政策体系完善、科研技术攻关、重大项目建设、应用场景开拓等方面精准发力，新型储能产业高质量发展迈出坚实步伐。

1. 不断完善政策体系

2023 年 4 月，广东省印发《推动新型储能产业高质量发展的指导意

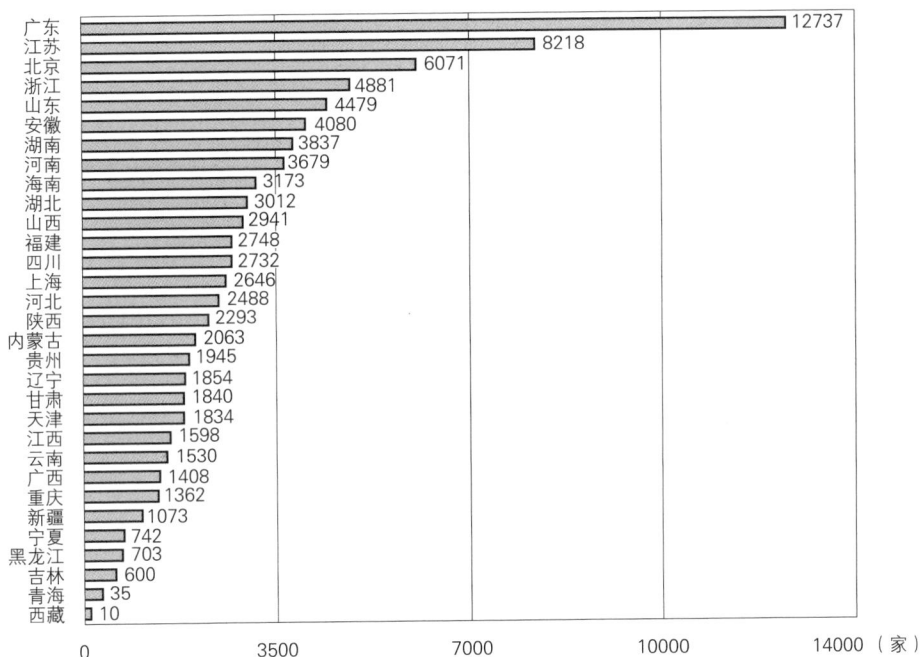

图 5-1　各省份储能产业链企业分布

资料来源：企查查

见》，提出到 2027 年，全省新型储能产业营业收入达到 1 万亿元。广东省有关部门在储能产品、储能电站规划、电力市场交易等方面出台 14 项配套支持政策，广州、深圳等 12 个地级以上城市出台配套文件，全省形成了"1+N+N"立体化政策体系。广州、深圳分别成立规模 100 亿元、200 亿元的新型储能产业基金，形成政府资金和社会资本共同推动产业发展的合力。

2. 加快提升创新能力

2023 年，工业和信息化部批复同意广东省依托广东省新型储能国家研究院有限公司，组建国家地方共建新型储能制造业创新中心，这是新型储能领域唯一的国家级制造业创新中心。编制广东省新型储能技术创新路线图，凝练提出锂离子电池技术、钠离子电池技术等7个重点支持技术方向，推进一批"旗舰型"攻关项目。

3. 加快推进一批标志性储能领域制造业重大项目建设

依托广东省制造业重大项目建设专项指挥部推动制造业项目建设，牵头成立省重大项目并联审批专班，及时协调解决用地、用林、能耗、规划等问题，佛山瑞浦兰钧、广州孚能科技、珠海埃克森新能源等一批投资50亿元以上的重大项目加快推进。目前，总投资120亿元的宁德时代肇庆项目一阶段工程达产、二阶段工程动工建设，总投资135亿元的中创新航江门基地一期投产。

4. 不断丰富和拓展应用示范场景

积极推动新型储能电站建设，梅州五华全国首个浸没式液冷储能电站稳定运行并参与电力市场的现货交易，粤港澳大湾区规模最大的佛山宝塘储能电站建成投产。广东省发布的30个新型储能重大应用场景机会项目清单覆盖锂离子电池、钠离子电池、固态电池和飞轮储能等技术路线，组织开展多场次新型储能场景机会项目供需对接与路演活动。大力支持工商业用户侧储能发展，创新推出用户侧储能先进产品参照执行蓄冷电价的政策，峰谷电价比值由4.5倍扩大为6.6倍。

5. 更加紧密地加强与能源领域的龙头企业合作

加强与南方电网、国家能源集团、中国能建集团等能源企业合作，广东省政府与南方电网公司签署《携手打造全球新型储能产业创新高地战略合作框架协议》，在产业创新、重大项目等八个方面深化合作。深圳、东莞、肇庆与宁德时代等企业加强战略合作，宁德时代在深圳落地重卡换电全球运营中心。

2024年，广东省继续加快推进新型储能的关键核心技术攻关，加快推进一批重大制造项目建设，不断丰富和拓展应用场景，推动广东省新型储能产业更高质量发展。

（二）深圳市

为抢抓储能产业发展机遇，深圳市提出打造"世界一流新型储能产业中心"的发展目标。

1. 深圳市储能产业发展现状

（1）深圳拥有新型储能产业发展得天独厚的条件

受消费电子、新能源汽车等优势产业电池需求带动，深圳逐渐形成了得天独厚的电化学储能产业生态，围绕电池材料、电芯模组和控制系统等核心关键领域培育孵化了一批龙头骨干企业，在移动储能、光储充放一体化等前沿领域形成了一批极具特色的示范场景，持续引领全球新型储能市场化、产业化、规模化发展。

（2）深圳新型储能产业全球领先

2022 年深圳市新型储能产值约 2670 亿元，同比增长 18.4%。全市注册储能企业超 7000 家，从业人数超 18.8 万人，拥有发明专利超 1.1 万件。深圳市已全面布局电池材料、精密件、电池管理系统（BMS）、能量管理系统（EMS）、储能变流器（PCS）、电芯模组、系统集成等关键环节。其中，正极、负极、隔膜、电解液四大材料全球市场份额领先，ICT 龙头和工控企业加快进入控制系统领域，全球出货量占比超 10%。在系统集成方面，比亚迪在美国调频市场的市场份额超过 50%，Cube 储能产品供货美国西海岸全球最大单期储能电站，储能容量近 1.7GW·h。华为数字能源已有 10 年以上储能系统研发积累，储能解决方案强势进入海内外市场，并签约沙特红海新城 1.3GW·h 储能电站项目，该项目于 2023 年 7 月建成投运，便携式储能企业核心技术市场占有率超 40%。

（3）深圳新型储能示范应用加快引领

受峰谷价差、尖峰电价等电价政策以及分布式光伏配储驱动，深圳市正在加快布局源网荷三端新型储能项目示范，致力于打造一批极具深圳特色的应用场景。在电源侧储能项目方面，加快建设大唐宝昌储能电站（60MW·h）、华润电厂储能电站（100MW·h）等电源侧储能项目。在电网侧储能项目方面，累计建成宝清、潭头两个电网侧独立储能项目，储能容量超过33MW·h，在用户侧积极布局移动储能、工商业储能、数据中心、5G基站储能等特色应用场景。

2. 深圳市储能产业发展的主要经验

（1）强化顶层设计支持

2023年2月，深圳印发《深圳市支持电化学储能产业加快发展的若干措施》，从打造新型产业生态、提升产业创新能力、提高储能先进制造水平、构建新型储能商业模式、加快产业全球化发展五大部分入手，加快打造深圳世界一流新型储能产业中心。同年7月，深圳印发《深圳市推动电化学储能产业发展行动计划（2023—2025年）》，提出按照"生态引领、制造赋能、场景突破、全球市场"的基本原则，力争到2030年前打造万亿级电化学储能产业。文件印发以来，深圳先后发布两批战略性新兴产业专项扶持计划，对各类储能工程研究中心、产业化项目和新产品新技术示范应用项目进行最高1000万元的扶持。

（2）强化企业项目支撑

深圳精准招商，集聚新型储能产业生态，发挥市重大招商项目推进指挥部职能作用，增强部门协同、市区联动，围绕"补链、强链、延链"需求，建立储能招商引资清单，实施产业链精准招商。聚焦研发设计、生产制造、营销服务、进出口贸易等关键环节，引进国内外龙头企业和行业领军企业。大力推动深圳市内产能项目集聚，围绕坪山区、龙华区、龙岗区、光明区、深汕特别合作区五大储能"制造强区"打造一批新型储能产业园，推动项目快落地、快投产、快见效。推动深圳市外"总部＋飞地"合作，鼓励本地企业考虑产业链配套需求和对口帮扶地区资源禀赋，在市外飞地合作共建储能产业园。

（3）强化示范应用带动效应

拓展创新应用场景，围绕电源侧储能、基站储能、移动储能、数据中心储能、工商业园区储能等优势场景，广泛动员深圳能源、华为数字能源、南网电动等龙头企业加快建设一批储能应用示范项目。探索新型解决方案，推动形成可复制、可推广的新型储能解决方案及商业模式。一方面，强化电力充储放一张网统筹作用，逐步构建电源侧储能、5G基站、新能源汽车移动储能等场景化储能项目智能接入与分级响应机制。另一方面，推动储能参与虚拟电厂，支持充电场站、建筑空调、冷站、5G通信基站、大数据中心等加装边缘控制终端，接入深圳市虚拟电厂管理云平台，使"智能化设备＋场景化应用"实现高效协同，推动各类新型储能项目加快接入虚拟电厂，探索实施先进储能分级调度预演，助力打造能源安全韧性城市典型范例。

（4）强化产业生态集聚

为丰富金融支持手段，深圳市设立了市场化专业化运作的百亿级新型储能产业基金，开展储能全产业链投融资业务，加大对电化学储能产业集群核心企业和项目的股权投资力度。在保险行业推出首款电化学储能专属保险产品，截至2023年底，已累计提供30亿元风险保障。搭建企业沟通桥梁，集聚50余家行业龙头企业和顶级研究机构，组建深圳市电化学储能产业联盟，为科技创新和产业发展提供专业指导和评估。成立深圳市储能知识产权联盟，加强储能领域知识产权保护。服务全球市场，高规格举办 2023 国际数字能源展，吸引超过 100 个国家和地区、407 家国内外数字能源龙头企业参加，为打造全球数字能源一流展会及行业风向标奠定坚实基础。持续提升深圳港锂电池、储能柜等产品的港口装卸、储存能力，优化完善港口配套安全、应急基础设施，积极打造全球一流的储能产品进出口物流枢纽。

3. 商业模式探索的代表案例

（1）电源侧储能

推动大唐宝昌、妈湾电厂等深圳本地火电机组开展储能联合调频改造，探索推广储能辅助重型燃气轮机黑启动模式，以电源侧储能系统提升传统发电机组综合性能。

案例：华润海丰小漠电厂储能项目。该项目建成时是国内规模最大的储能联合百万机组调频项目，入选国家能源局首批储能试点示范项目。该项目通过自主开发的群控管理技术和 EMS 系统，实现储能系统毫秒级广域直控、虚拟同步及调度调峰、黑启动等功能，调频性能 kp 值指标从原有的 0.8 大幅提高至 2.4。

（2）用户侧场景

基于深圳实际，打造基站储能、新能源汽车移动储能、数据中心储能、工商业园区储能四大优势场景，构建以新型储能为主体的电力充储放一张网商业模式，并不断完善智慧储能、储能聚合交易、共享储能、虚拟电厂等新型储能商业模式。

案例 1：5G 基站储能项目。深圳市累计建成 5G 基站超 5 万个，并计划在 2025 年底前建成超 3 万座 5G 宏基站，正在推动 5G 基站全改造工程。该项目在峰谷套利商业模式下，实现两充两放，项目内部收益率（IRR）为 8.11%，投资回收期为 5.48 年。截至 2023 年 9 月底，深圳铁塔超 5600 座 5G 基站已接入深圳虚拟电厂管理中心，参与电网电力电量调节，可调节负荷超 1.5 万千瓦。

案例 2：新能源汽车移动储能项目。深圳市正在围绕公交车、网约车、出租车、城市物流车、重卡车、环卫车、港口拖车、国企用车、公务车、私人乘用车等十大特色场景实施车网互动"千车千桩"示范工程，面向工业园区、社会停车场等停充一体场景，打造一批车网双向互动典型试点项目，有序实现各类车辆储能灵活可调。截至 2023 年底，深圳已建成 V2G 站 88 座。其中，民兴苑 V2G 示范站成功参与深圳虚拟电厂平台需求侧响应调控，单次削减 20 千瓦电力负荷。

案例 3：工商业园区储能项目。深圳市拥有超 8000 个产业园区，全市年用电量在 500 万千瓦时以上的企业超 600 家，拥有发展工商业储能的良好前景，正在推动在公共建筑、工商业园区等场景布局区域综合能源服务项目，实现电、冷、气等多种能源协同互济，探索高密度开发地区的低碳生态城区建设模式。以光明汽车城近零碳园区为例，项目综合 5500RT 集中供冷站、6MW 屋顶光伏及幕墙光伏、2MW/4MW·h 电化学储能等多种技术手段，同步参与虚拟电厂交易、电网辅助调频，项目实现年减排二氧化碳 5944 吨，电费节省 40%～60%。

（三）武汉市

1. 武汉市新型储能产业进展

（1）产业基础技术研发能力较强

武汉市拥有以长江设计集团钮新强院士、中科院武汉岩土力学研究所杨春和院士、华中科技大学程时杰院士等专家为核心的电力系统勘察设计团队以及湖北省深地储能技术创新中心、武汉市新能源研究院（新型电工器件与储能研究中心）、武创院先进电化学储能技术研究所等科研机构，为全市电化学储能和压缩空气储能技术研发提供了强有力支撑。

（2）部分产品技术水平领先

在电化学储能方面，武汉巨安储能是全球首个铁基液流储能系统生产商，具备电解液、电堆、系统集成全产业链产品制造能力。启钠新能源是领先的钠离子电池正极材料生产商，吉兆储能在国内较早研发液态金属储能电池并工程化应用。在压缩空气储能方面，中科院岩土所、中南电力设计院压缩空气储能系统集成方案国内领先。同时，巨安储能中标的2个铁基液流储能电站、中科院岩土力学研究所参与研制的湖北应城300 MW级压缩空气储能电站等3个项目获批国家能源局第三批能源领域首台（套）重大技术装备，巨安储能参与的湖北省英山县100MW/400MW·h铁基液流电池储能项目获评试点示范项目。

（3）电池制造龙头企业加速集聚

目前，武汉市初步形成以电池及储能系统集成为牵引，以部分关键原材料为配套的新型储能产业链。比亚迪、中创新航、亿纬锂能、楚能新能源等龙头企业在武汉市共投资440亿元，建设动力电池及储能容量共110GW·h，其中储能项目投资170亿元，储能容量60GW·h。以锂电制造为牵引，武汉市吸引了胜华、万润新能源等上游原材料企业建设电解液及溶剂等配套项目。

2. 武汉市新型储能产业发展的经验及创新

（1）构建"1+2+3"产业体系

依托武汉市产业技术人才优势，找准武汉市新型储能产业发展切入点，明确主攻方向，突出差异化发展，重点打造新型储能电池及系统集成制造基地，提升新型储能材料及装备制造、电池综合利用等产业发展水平，拓展新型储能多场景应用示范，构建"1（电池及系统集成制造）+2（材料及装备制造、电池综合利用）+3（电源侧、电网侧、用户侧场景应用）"产业体系。

（2）推动重大项目建设

加强重大项目跟踪服务协调，及时协调解决企业用能、用地问题，中创新航、弗迪电池等一批投资 50 亿元以上的重大项目加快推进，目前投资 80 亿元的中创新航三期 20GW·h 储能电池生产线、投资 50 亿元的楚能新能源 30GW·h 江夏储能基地项目竣工投产。同时，武汉市加大招商引进力度，推动上下游产业集群发展，中能建储能科技公司储能电池系统、金盘科技储能数字化工厂、胜华新能源电解液等一批产业关键配套项目布局武汉市。

（3）支持产业创新孵化

积极支持"链主型"头部企业建设研发及第二总部基地，目前在湖北省投资的亿纬锂能、容百科技、万润新能源已在武汉布局储能研究院、区域总部及研发技术中心。依托华中科技大学、武汉理工大学、中国地质大学、中科院武汉岩土力学研究所、未来技术创新研究院等重点科研机构，持续推动铁基液流、压缩空气储能、固态锂/钠电池、物理法电池回收技术转化，涌现出巨安储能、启钠新能源、吉兆储能、瑞科美等一批潜在"独角兽"企业。依托中创新航、楚能新能源、胜华新能源等龙头企业优势，引导精实机电、逸飞激光、富航精密、武汉蓝电、中贝新能源等一批中小企业围绕龙头企业需求开展配套建设，初步形成企业集群。

（4）拓展应用场景

积极推动电网侧新型储能电站建设，位于武汉黄陂区临空产业园的湖北省 50MW/100MW·h 集中式（共享式）储能电站，为解决区域新能源消纳、短时调峰、瞬时调频，提高能源利用效率进行了积极探索，可年消纳新能源电量约 5000 万千瓦时，压减煤炭消费约 1.5 万吨 / 年。支持在工业园区、产业园区、数据中心、大型公共服务区等发展用户侧储能，电建武汉铁塔有限公司源网荷储系统实现园区 65% 的电能消纳，每年可减少二氧化碳排放量 3794 吨。国网武汉供电公司电动汽车服务分公司投资的泛海 CBD 换电站配置分布式一体化储能系统，每天在用电高峰时段可回补电网 400 度电。

（5）深化综合利用

规范回收利用企业管理，引导回收利用企业参与动力蓄电池溯源管理。目前武汉市 5 家有资质的机动车回收拆解企业均在新能源汽车国家监测与动力蓄电池回收利用溯源综合管理平台进行了注册。支持回收利用企业按照《新能源汽车废旧动力蓄电池综合利用行业规范条件》要求，开展动力电池综合利用业务。武汉动力电池再生技术、武汉蔚澜新能源、东风鸿泰等 3 家企业进入梯次利用行业规范企业名单。武汉初步建立重点企业回收利用模式，武汉动力电池再生技术有限公司已建成年产拆解 10 万套动力电池包拆解线和年产 10 万组退役动力电池包梯级利用示范生产线，并建成可追溯的数字化全流程信息化管理系统，一键对接国家溯源平台，实现全生命周期追溯与废旧动力电池来源可查、去向可追。

（四）成都市

成都市发展储能产业的基础良好。四川省锂矿资源占全国的 57%，已探明储量超过 200 万吨，开发潜力巨大，储能电池原料资源丰富。四川省水电电价相对较低，为成都市储能产业发展带来了显著的成本优势。

1. 成都市储能产业主要进展及经验

成都市聚焦电池制造、锂电关键材料等环节，加强头部招引，推进产业建圈强链，促进以储能电池为代表的储能产业加快发展。目前，成都市聚集了宁德时代、中创新航、亿纬锂能、蜂巢能源、融捷、巴莫科技、璞泰来、特隆美、凯迈科技、长虹润天等重点企业50余家，拥有锂盐、正负极材料、隔膜、电芯电池、电池管理系统、能源管理系统等产业链产品，初步构建了"锂盐材料－关键材料－锂电池－电池管理及控制系统－回收利用"较完善的产业链条，形成了以金堂县、龙泉驿区、简阳市等为主要载体的产业发展格局。巴莫科技成为全球首家生产正极材料的"零碳工厂"。2020年，成都储能产业成为国家高端能源装备集群重点产业之一。2023年，成都市动力及储能电池建成产能66GW·h，规划布局产能超200GW·h，实现产值超600亿元，同比增长30%，根据相关统计，成都市动力及储能电池产业产值排名全国第12位。

成都市储能产业发展的主要经验有以下几个方面。

（1）产业政策支撑有力

成都市出台了《成都市新型储能项目建设实施方案（2023—2025年）》《成都市虚拟电厂建设实施方案（2023—2025年）》《成都市优化能源结构促进城市绿色低碳发展政策措施实施细则》等文件，对2023年以来新建投运的储能项目（抽水蓄能项目除外），实际年利用小时数不低于600小时的，按照储能设施每年实际放电量，给予0.3元/千瓦时运营补贴。支持中创新航、蜂巢能源等"成都造"储能电池在龙泉驿、双流、新津园区、企业屋顶开展"成都用"储能示范，抢占储能电池细分领域。

（2）建圈强链稳步推进

一是深入开展补短板工作。引进广州纳诺、普正新能源、德方纳米等企业，填补铝箔/铜箔、结构件、补锂剂等辅材空白。二是大力开展锻长板工作。支持巴莫科技持续布局三元正极材料，支持紫宸科技、爱敏特持续布局石墨负极材料。三是积极开展铸新板工作。引进清陶能源半固态电池、安高特电全固态电池、中科海钠钠离子电池，不断强化新型电池赛道布局。

（3）科技创新成效显著

巴莫科技"高容量锂离子电池用高镍正极材料开发与产业化研究"荣获 2022 年"四川省科学技术进步二等奖"；特隆美自主研发的高寒高海拔地区大型储能系统、数网协同型新一代电源系统技术水平国内领先，部分技术填补了国内空白；巴莫科技"BMT910AS 型三元正极材料"、爱敏特"低温快充锂电池超高纯石墨负极材料"入选国家新材料首批次项目名单。

下一步，成都市将持续抢抓国家"双碳"发展战略和成渝地区双城经济圈建设机遇，聚焦量质齐升，以更高水平推动储能产业高质量发展。一是盘活中创新航二期、亿纬锂能二期等存量项目，推动项目快投快建，为稳增长、稳投资作出贡献。二是抓住储能产业发展风口，引进储能电池头部企业，做大储能电池产业规模。

2. 成都市新型能源体系建设情况

成都市以习近平新时代中国特色社会主义思想为指导，深入学习贯彻习近平总书记来川考察时关于"科学规划建设新型能源体系，促进水风光氢天然气等多能互补发展"[①] 的重要指示精神，以新型电力系统为中心环节，以多能互补跨区互济为关键，以源网荷储协同发展为抓手，推进能源结构优化调整，构建适应超大城市的新型能源体系，为建设全面体现新发展理念的公园城市示范区提供坚强能源支撑。

---

① 《习近平在四川考察时强调 推动新时代治蜀兴川再上新台阶 奋力谱写中国式现代化四川新篇章 返京途中在陕西汉中考察 蔡奇陪同考察》，《人民日报》2023 年 7 月 30 日第 1 版。

（1）构建多能互补的能源体系

一是推进可再生能源试点示范。开展金堂县屋顶分布式光伏开发试点，积极拓展工业厂房、楼宇建筑、公共照明、乡村振兴项目等光伏应用场景。二是拓展氢能应用场景。截至2023年，成都市已建成加氢站5座。依托东方氢能产业园、彭州华能电解水制氢等重点项目发展大规模制氢产业，加快氢能在发电等领域推广示范应用。

（2）推动能源产业科技创新

支持能源企业开展关键核心技术攻关，推进钠离子电池等重点领域技术成果产业化，前瞻性布局钙钛矿太阳能电池、新型储能等未来技术方向，抢占未来赛道。鼓励新能源产业链主要企业、龙头企业创建技术中心、工程中心等高能级研发平台，并带动培育一批自主创新能力强的"专精特新"企业。发挥重大能源项目引领示范作用，支持首台（套）、首批次、首版次产品市场化应用。

（3）推进新型储能项目建设

一是推动电源侧异地配建新型储能电站。在燃煤电厂、垃圾发电厂等领域，建设火储联合调频储能项目，在成都电源缺乏、电网供需形势偏紧区域推动落实异地配建新型储能电站，力争到2025年电源侧新增新型储能装机容量达到10万千瓦以上。二是加快电网侧新型储能设施建设。围绕迎峰度夏（冬）局部区域供需形势偏紧、电压低等供电可靠性问题，在短板明显的区域推动新型储能试点项目落地，力争到2025年电网侧新型储能总装机容量达到60万千瓦以上。三是鼓励用户侧新型储能设施建设。引导用电量大且对供电可靠性、稳定性要求高的用户根据需要配置新型储能设备，力争到2025年用户侧新型储能总装机容量达到30万千瓦以上。

二、后发地区加快推进储能产业布局和示范应用

现阶段，我国储能系统的示范应用，特别是电源侧和电网侧储能系统的示范应用，主要集中在西部地区，如内蒙古、西藏、新疆、青海等新能源装机容量较高的省份。电网侧以独立储能为主，主要分布在山东、湖南、宁夏、青海、河北。用户侧以工商业配置储能为主，主要分布在江苏、广东、浙江等工商业大省。

（一）内蒙古自治区储能产业进展

近年来，内蒙古自治区深入推进能源革命，推动新能源全产业链发展，在全国率先开展源网荷储、风光火储一体化示范，储能产业发展迎来重大的战略机遇期。

1. 储能装机规模不断扩大

目前内蒙古已建成抽水蓄能项目 1 个，计划和在建抽水蓄能项目 3 个；已投产新型储能项目 28 项，主要以新能源配建储能为主；在建新型储能项目 69 项，新能源配建储能占比达 64%。截至 2022 年底，已投运的储能项目总装机容量达到 2.245GW，其中，抽水蓄能装机占比 53.5%，电化学储能装机占比 42%，光热储能装机占比 4.5%。2023 年，内蒙古自治区进一步聚焦新型储能项目建设，截至 2023 年底新型储能装机规模已达到 354 万千瓦，居全国第二位。

2. 储能应用场景逐步丰富

内蒙古自治区已建成和在建储能项目主要分布在电源侧，占比为 64%，电网侧占 31%，用户侧占 5%。目前，内蒙古自治区正在加快推进通辽市"火风光储制研一体化"示范项目，乌兰察布市、通辽市"源网荷储一体化"示范项目，储能应用场景进一步丰富。

3. 储能产业链逐步铺开

从电化学储能产业链整体布局看，内蒙古自治区储能产业主要布局在中上游。其中，储能上游材料产业已覆盖正极、负极材料、辅材及电解液等，正负极材料和隔膜已形成产能，而电解液、铜箔、铝塑膜、导电剂、黏结剂和电芯尚未形成产能；以储能系统集成及应用服务为主的下游产业尚未形成。

4. 储能产业政策持续加力

按照国家发展改革委、国家能源局《关于加快推进新型储能发展的指导意见》要求，2021 年以来内蒙古自治区先后出台 38 个与新型储能有关的政策文件。从将新型储能纳入内蒙古自治区"十四五"规划到发布《关于加快推动新型储能发展的实施意见》和《关于支持新型储能发展若干政策（2022—2025 年）的通知》，再到将新型储能纳入相关专项规划以及《内蒙古自治区建设国家重要能源和战略资源基地促进条例》的颁布，新型储能在全区经济社会发展中的地位得到充分肯定，内蒙古自治区推动新型储能发展的政策举措力度也越来越大。在新型储能发展的顶层设计、发展目标、布局方向、重点任务、要素保障等方面，相关支持政策均指出了相应方向、思路和具体举措，内蒙古自治区储能支持政策从最初的探索阶段逐步发展到现在的系统化、体系化阶段。

（二）青海省推进储能产业多元化发展

近年来，随着国家清洁能源产业高地建设不断向纵深推进，青海省的海南、海西两个清洁能源基地规模不断扩大，面对新能源大规模、高比例发展带来的压力，电力系统灵活性资源不足的问题日益突显，迫切需要储能产业参与灵活性调节。同时，青海省已探明盐湖锂资源保有量达 1400 万吨，约占世界卤水锂资源储量的 1/3，占全国锂资源保有储量的 81%，锂资源及锂电池产能居全国前列，具备储能规模化发展的市场需求和资源优势。

在国家储能成本和价格疏导机制、建设运营管理体制尚不完备的情况下，青海省充分认识到储能在新型电力系统中的重要地位和作用，并谋划布局储能产业发展，积极争取国家支持，以打造国家储能发展先行示范区为目标，努力营造有利于储能产业发展的市场环境，推动抽蓄、电化学、光热及新型储能等多种储能技术示范，初步形成多种技术路线、多种应用场景的储能多元化发展格局。

1. 强化规划引领，明确储能发展目标和布局

针对新能源大规模、高比例发展带来的储能周期错配问题，青海省制定规划进一步明确储能产业发展布局，以电化学储能发展支撑短周期调节。按照"十四五"新能源装机容量超过6000万千瓦，利用率保持在90%以上合理水平的要求，对全省新型储能产业进行规划布局，源、网、荷侧将分别建设100万千瓦、560万千瓦、10万千瓦的新型储能装备，2025年新型储能装机规模将达到670万千瓦以上，有效提高新能源利用率。①以光热、抽蓄储能发展支撑中长周期调节。推动重点抽水蓄能电站纳入国家"十四五"重点实施计划，项目主要结合水资源条件重点布局在青海的海南、海西等地区，支撑以沙戈荒为主的新能源基地开发和电力稳定外送。研究制定光热建设政策措施，明确发展目标和布局，到"十四五"末，海西、海南两个清洁能源基地光热规模将达到121万千瓦，将有效提升电网安全稳定水平。②以氢能发展促进新能源消纳。为更好地将绿能优势有效转化为产业优势和发展优势，促进可再生能源消纳利用，青海省氢能规划明确了"十四五"4万吨绿氢生产能力的发展目标，提出"11235"发展布局，即打造"一个品牌"——中国氢海，建设"一个中心"——绿氢创新工程技术研究中心，建设"两个集群"——绿氢装备制造、氢储能材料及装备制造集群，布局"三个绿氢生产基

地"——西宁市、海西州、海南州绿氢生产基地，推动"五个示范区"——氢燃料电池车运营、氢能重卡、绿氢化工、氢能冶金和氢能牧区应用。

2. 发挥资源优势，构建完善的储能产业链

强化顶层设计，注重科技创新，加强招商引资，促进以锂电为主的储能产业高质量发展。①明确产业布局。出台《青海省新材料产业2025发展规划》《锂电产业可持续健康发展的指导意见》等系列文件，进一步明确了发展目标、路径和措施。到2025年，全省锂电池产能将达到80吉瓦时，引导各地区结合资源禀赋和产业基础错位发展，西宁重点布局电芯、正负极材料、隔膜材料，海西重点布局碳酸锂、正负极材料、电解液，海东重点布局正负极材料、电芯。②强化"招大引强"。编制产业链图谱、梳理产业链短板，围绕提升产业基础能力和产业链现代化水平，通过"招大引强"补齐产业发展短板。成功引进比亚迪、宁德时代、赣锋锂业、江苏捷力、上海恒通等国内锂电头部企业参与全省锂电产业建设。全省锂电产业上下游企业共有27家，构建起盐湖锂资源—碳酸锂—正/负极材料—锂电池及配套产品的全产业链，碳酸锂产能12万吨、锂电池32吉瓦时。③实施创新驱动。推动创新要素向优势产业和骨干企业集聚，鼓励企业创建各类创新载体，建成省级企业技术中心38家。开发了膜分离法、吸附法、萃取法、煅烧法等工艺，首次将厢式串级萃取槽应用于工业化提锂，进一步提高了产品采收率。2022年，青海碳酸锂产量达到7.3万吨，约占国内总产量的18.5%，较2020年增长62.2%。

3. 推动项目建设，实现储能多元化应用

青海省创新建设模式，强化新技术的研究及开发应用，推动抽蓄、光热、新型储能、氢能等领域一批项目建设。有序推进新型储能应用示范。建立项目按月调度协调服务机制，全力保障各项目要素条件落实，

推动已布局的压缩空气、压缩二氧化碳、氢能、熔盐储热、重力储能发电等示范项目开展前期工作。到 2023 年底，全球最大的液态压缩空气、青海省首个新建储气罐式压缩空气（地下）、熔盐储能供热示范等 3 个31 万千瓦项目已开工建设，填补了大规模长时间尺度新型储能技术空白。①稳步开展共享储能建设。按照"坚持政府主导、电网统一调度、市场主体参与"的原则，开展电网侧大规模电化学储能电站建设。规划布局电网侧大规模电化学储能电站 560 万千瓦，已安排的第一批 16 个站点254.5 万千瓦项目正在建设，计划 2024 年 7 月建成投运。正在开展第二批 6 个站点 132 万千瓦项目前期工作，计划 2024 年底建成投运。后续将引导和支持新能源配套储能以自建、代建、购买或租赁形式建成（获得）储能容量，进一步拓宽储能建设渠道，助推项目落地。②推动绿氢示范应用。按照全省氢能规划布局，青海将充分发挥氢能产业发展工作调度机制作用，加强政策研究、开展前沿技术攻关、培育拓展氢能应用场景，推动实施"氢装上阵"、3 兆瓦光伏制氢、氢储能技术开发及示范应用、风光制氢合成氨等 7 个重点项目建设。其中，全省首个绿电制氢项目已建成投产，产能为 153 吨 / 年。③扩大光热建设规模。充分发挥青海省已有项目的建设经验和先发优势，已开工建设 8 个共 90 万千瓦存量光热项目，后续将按照竞争配置原则实施增量光热项目建设，持续保持全国领先。

4. 完善政策机制，努力营造良好的发展环境

青海省探索出台支持政策，制定支持储能产业发展的若干措施，从引导储能和可再生能源融合发展、发挥储能调峰效能、适度补贴电化学储能运营、强化储能产业发展等 4 个方面提出 12 条政策，支持储能产业发展。在电力辅助服务市场机制方面，青海省制定辅助服务市场运营规则，明确储能参与辅助调峰电价 0.7 元 / 千瓦时。加大光热项目电价支持力度，竞争配置的光热项目上网电价参照燃煤发电上网

电价政策执行，推动降低建设成本、提高项目收益。同时，在项目管理方面，青海省结合实际情况和储能发展先行示范区建设需求，形成抽水蓄能项目管理办法、抽水蓄能项目招投标指导意见、新型储能项目管理规范等，探索优化相关项目配置、建设、并网运行等方面的管理程序。

5. 强化科技创新，积极申报国家示范项目

坚持科技是第一生产力、创新是第一动力，以高水平能源科技自立自强支撑引领国家储能发展先行示范区高质量发展。目前，青海省已成功申报创新平台。按照国家能源局的相关要求，青海积极申报"十四五"第一批"赛马争先"创新平台建设项目，国网青海省电力公司已成功入围"高比例可再生能源友好并网"赛道。同时，青海省能源局会同相关市（州）发展改革委（能源局），组织企业积极参与 2023 年度新型储能试点示范项目申报。

（三）河北省承德市钒储能产业进展

承德市是国家发展改革委、科技部确定的国家钒钛资源综合利用产业基地和国家钒钛新材料高新技术产业化基地，拥有我国 40% 以上的钒储量。

1. 承德市发展钒储能产业具有显著优势

（1）承德的钒钛资源占据全国"半壁江山"

承德市是我国北方最大的钒钛资源基地，钒钛磁铁矿资源储量为 83.72 吨，占我国已探明储量的 40%，主要有大庙式钒钛磁铁矿和钒钛低磁铁矿两种。

（2）可再生能源资源丰富

承德市清洁能源种类多样，拥有丰富的风能、太阳能、水能、生物质能、地热能等可再生能源，可开发资源总量达 6800 万千瓦。风电和光伏发电可开发总规模分别为 2179.7 万千瓦和 1929.88 万千瓦。发展潜力较大，属于资源富集地区，发展钒储能产业的绿色能源具有明

显的比较优势。

2. 承德市钒储能产业生态加快完善

承德市全产业链企业基本完备，全市现有钒相关企业 1293 家。承德市现有承德钒钛、建龙特钢、天大钒业等 19 家钒钛深加工骨干企业，主要产品包括五氧化二钒、氮化钒、高纯氧化钒、全钒液流储能电池等系列钒制品，钒铝合金、航空航天级中间合金等高端中间合金，含钒高强钢材、含钒无缝钢管等含钒特钢，以及钛高纯 3D 打印粉末、钛合金复合板等多个系列数十种产品。承德市通过不断强化钒钛产品创新、加快企业技改升级，在推动高质量发展上实现新突破，承德钒钛国际首条亚熔盐法高效提钒清洁生产线建成投产，与传统工艺相比钒收率可以提高 10%，引领了国际钒化工产业的绿色升级；同时，首条智能化示范连轧无缝钢管生产线、国际首套离子置换法高纯氧化钒生产线、华北首家全钒液流电池储能系统生产线相继建成投产，承德钒钛、建龙特钢、天大钒业等高精尖企业在行业中一路领跑，引领了承德钒钛产业向更高端迈进。目前，承德市钒储能产业链主要形成了上游五氧化二钒的原料生产，中游各部件的配套和下游整装生产三大环节，上中下游企业均有涉及，且产业成熟度高，产业链趋于完善。

3. 承德市钒储能科技创新能力不断提升

承德市坚持以科技引领、绿色发展为立足点，大力发展钒储能行业，钒钛新材料的技术创新能力持续增强。钒钛磁铁矿冶炼、高纯钒、金属钒、粉剂钒、钒铝合金等一批自主知识产权生产技术国际领先，为钒储能产业发展奠定了坚实基础。承德钒钛与中科院合作共建院士工作站和钒钛资源高效清洁利用与产品工程实验室，牵头组织成立河北省钒钛产业技术研究院；承德新新钒钛储能科技有限公司与清华大学共同建立河北省液流电池工程技术研究中心，建龙特钢与国家钢铁研究院、北京科技大学、东北大学合作共建院士工作站等。截至2021年，承德市钒钛新材料产业取得重大创新成果22项，其中获省科技进步二等奖3项，省技术发明三等奖3项，省科技进步三等奖3项，获授权专利1632项。

三、储能产业不断探索新发展模式

2022年起，我国储能相关政策密集出台，储能在电力体系中的地位逐步明确，经济性逐步显现，多场景需求扩张为储能带来新的需求增量，储能产业迎来快速成长期。与此同时，储能商业模式也从相对单一走向多元化。

（一）集中式储能电站建设的商业模式

1. 工程总承包（EPC）模式

工程总承包模式储能电站是指采用EPC（工程、采购、施工一体化）管理模式的储能电站。在EPC模式中，总承包商负责项目设计、采购、施工、试运行等内容，并对工程的质量、安全、工期、造价等总体负责。一旦项目竣工、满足立项要求并达到使用条件，EPC总承包商便将项目移交给业主。

在这种模式下，工程的设计、采购和施工等各个环节都由一个总承包商负责，可以更有效地进行项目管理，控制项目的质量、成本和进度。EPC模式为储能电站建设提供了一种全面的解决方案，使整个工程流程更为顺畅，减轻了业主方面临的管理负担。此外，EPC模式也有助于确保项目的综合性能得到优化，提高了工程的整体执行效率。EPC模式往往和融资租赁相结合。融资租赁公司根据业主的需求，出资向EPC供应商购买所有或部分新能源电站装备，并转租给项目业主，项目业主按合同约定的金额向融资租赁公司支付租金（见图5-2）。

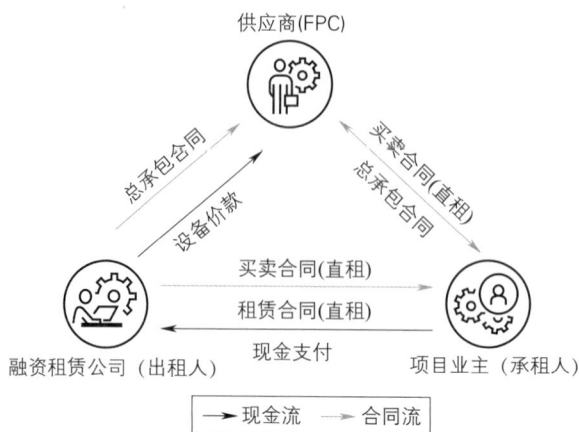

图 5-2　工程总包 EPC 模式

资料来源：作者根据公开资料整理

储能电站投资主要包括设备购置费、安装工程费、建筑工程费、基本预备费等。对于电化学储能电站来说，其成本主要是电池及储能系统。根据云南省能源研究院的数据，锂电池电化学储能的设备购置费约占 87%，电缆及接地等材料购置费和安装工程费约占 1%，建筑工程费约占 4%，其他费用和基本预备费约占 7%。根据相关统计，一座风电场配建装机量 20%、时长 2 小时的储能项目，其初始投资将增加 15%～20%；而光伏电站配建同样容量的储能项目，其初始投资成本将增加 8%～10%，发电侧自建储能面临一定困难。

另外，由于受到配储容量与时长限制，储能对发电侧企业的消纳作用有限，部分企业选择弃电。以某弃风严重区域的风电配套储能站为例，配置额定功率 10%、4 小时的储能，弃风率为 20.6%。配置额定功率 20%、4 小时的储能，弃风率仍达 19.7%。

当前，我国新能源企业配储成本主要由企业自身承担，加上锂矿成本上涨，新能源配储企业面临较大压力。企业可能倾向于选择性能较差、初始成本较低的储能产品，把储能作为可再生能源优先并网的工具。在发电侧，储能的主要功能体现在提高新能源消纳、平滑新能源输出等方面。这些功能使储能在发电侧的收益主要来自减少"弃风弃光"电量后所增加的电费收入，以及减少的考核费用。

2. 共享储能模式

在强制配储、供需偏紧情况下电池厂顺价的结果是对集成商、运营商的利润进行挤压。因而，在强制配储政策背景下，产业链主体倾向于采取共享储能等方式进行自救。共享储能项目体量更大，降低了初始投资的平均成本，可以接受电网调度，赚取租赁费的同时参与辅助服务，形成收益。共享储能电站可以提供多种服务，实现多重收益，包括帮助新能源场站实现弃电增发、减免考核，为系统提供调峰、调频、黑启动服务，参与电力现货市场交易等。共享储能电站可以获得调峰补偿、租赁费用、电费收益和奖励电量。各省陆续出台有利于共享储能模式的政策，湖南、山东是目前共享储能电站盈利模式较为典型的省份。青海省储能调峰补偿标准为 0.5 元 / 千瓦时，年利用小时数不少于 540 小时。宁夏 2022 年、2023 年储能试点项目的调峰服务补偿价格为 0.8 元 / 千瓦时，年调用次数不低于 300 次。湖北、陕西等地区承诺储能租赁可视作新能源储能配额，山西明确了共享储能电站可参与调峰、调频市场等。

在当前投资水平下，共享储能电站具有经济性。共享储能电站收益来自新能源电站租赁费和低价充电高价放电的电价差等。系统成本每降低 0.1 元 / 瓦时，内部收益率提高约 1 个百分点；租赁费每提高 10 万元 / 年，内部收益率提高约 0.6 个百分点；充放电电价差超过 0.2 元 / 千瓦时，共享储能电站有经济性。

（二）分布式储能商业模式

根据投资主体不同，分布式储能有独立投资、联合投资和租赁等商业模式。不同于集中式储能，分布式储能投资费用更少，建设场地规模更小，资源更加分散。因此，它可以与虚拟电厂结合，形成虚拟电厂模式，也可延伸至社区，形成社区储能模式。目前，较为成熟的分布式储能商业典型模式包括租赁、共享、虚拟电厂和社区储能四种，这四种典型商业模式如表 5-1 所示。

表 5-1 分布式储能商业典型模式

商业运营模式	主要项目	适用场景	优缺点	发展方向
租赁模式	国网湖南综合能源公司储能租赁项目、Power Edison 储能租赁项目、美国 AMS 公司储能租赁服务	新能源场站、公用事业单位、工商业用户	对于租赁用户，该模式风险小、灵活性强。对于投资方，该模式收益单一，投资回收期较长	获利模式单一，且投资回收期长，投资者需要紧跟市场化步伐，开拓多种收益模式
共享模式	山东莱芜孟家共享储能电站项目	新能源场站、公用事业单位	该模式实现了投资主体多元化，服务对象多元化，灵活性很强，但目前并没有条件完全实现该模式	共享模式需要根据变化的市场环境以及政策环境，不断改变自身的服务对象、接纳新的投资主体
虚拟电厂模式	德国 Next Kraftwerke 公司虚拟电厂项目、深圳上线的国内首个虚拟电厂平台	虚拟电厂	分布式储能弥补了虚拟电厂中资源单向的缺点，使虚拟电厂的使用以及盈利模式更加灵活，但该模式下的许多价值点还没有转换成收益	应当充分延伸其应用场景，将该模式下的价值点转换成收益。另外，其搭建的平台应提升对内部资源的聚拢、分析和使用能力
社区储能模式	澳大利亚 Synergy 公司 ABEST 项目	社区用户	社区储能模式拥有更稳定的客户群体，收益更加稳定。但是，在当前集中供电环境下，该模式推广较为困难	在推广该模式时，前期需要充分调研，对项目的利好充分解释说明，以及在售后上提供给客户足够的服务

资料来源：作者根据公开资料整理

1. 租赁模式

融资租赁在储能领域中被认为是一种广泛采用且成功的商业模式，尤其在国外分布式储能中得到广泛运用。融资租赁模式之所以成功发展，主要归因于其具有的特点。首先，租赁模式相较于其他商业模式具有较小的风险。用户无须一次性投入大额资金购买储能设备，而是可以通过租赁方式获得设备使用权，因此承担的财务风险相对较低。这使更多的用户能够在不承担过大财务压力的情况下，享受储能技术的益处。其次，租赁模式更加灵活，允许用户根据实际需求选择租赁周期和储能设备规模。这使用户能够更好地适应不断变化的能源需求，随着需求的增加或减少灵活调整储能容量，而不必面临一次性的大额投资。相较之下，用户独立投资建设可能面临购置设备后无法满足需求或设备成本下降的风险，而租赁模式在这些方面提供了更大的灵活性。

"以租代售"是目前分布式储能领域应用范围最广的投资运营模式之一，美国的 Stem 公司、Green Charge Networks 公司以及德国 Entega 公司等利用该模式为用户提供储能服务。例如，美国 Power Edison 公司为公用事业单位提供储能租赁服务，满足其管理拥堵、备用电源保障等需求。尽管这些应用的周期较短，但对公用事业公司来说非常重要，选择储能租赁可以降低固定资产投资的压力。

在工商业用户市场，美国的 Advanced Mi-crogrid Solutions（AMS）公司提供储能租赁服务，使用户达到减少电费开支的目的。储能电池租赁模式如图 5-3 所示。

经验表明，国内的电力公司是储能租赁项目的主要开发商。这是因为电力公司在拥有大量新能源场站方面具有优势，为储能租赁模式提供了稳定的收益来源。电力公司的参与确保了储能租赁项目与新

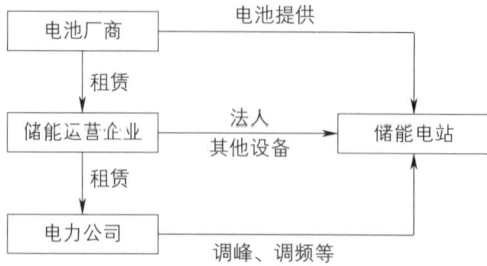

图 5-3　储能电池租赁模式

资料来源：作者根据公开资料整理

能源场站的有效整合，从而实现了双方的互补。如果电力公司不参与储能租赁项目的开发，开发商将面临难以寻找新能源场站并签订稳定租赁合同的挑战。这个问题不仅增加了项目的开发难度，还直接影响开发商的投资决策。在储能租赁模式中，与新能源场站的紧密关联能够确保项目稳定运行和获得可靠收益。

2. 共享模式

在该模式下，储能项目开发商和业主之间分享储能收益。这种模式与租赁模式有类似之处，也存在区别。例如，两种模式都需要用户按照节约收益的一定比例或一定数额向储能资产所有者进行支付。租赁费通常是基于开发商的固定投资成本进行测算的，多为固定数额；而共享收益模式则通常按照收益的比例进行分成，这个数额随着每月的电费节约数额而变动。共享节省电费收益模式以工商业用户为主，在家庭用户中比较少见。

通过规模化的投资、建设和管理，共享式储能有效降低了建设和运行成本，减少了自配储能的投资和管理费用。相对于新能源自配储能方式，共享储能在安全质量和经济效益方面表现出更为显著的优势。

在国内市场，针对新能源场站的共享储能模式更多地采用租赁模式。随着储能建设成本的下降和技术的成熟，自配储能的新能源场站数量增加，这可能导致共享模式下的租金收益空间进一步减小。因此，共享储能模式的可持续发展关键在于开拓更多的收益模式，积极参与各类电力市场，与市场化改革保持一致步伐。通过不断创新和适应市场需求，共享储能模式能够更好地满足多元化的用户需求，实现更广泛的社会效益。

3. 虚拟电厂模式

虚拟电厂（Virtual Power Plant，VPP）利用虚拟化和数字化技术，实现接近实体电厂的效果。公用事业单位或第三方公司通过中央控制室将居民、商业用户、工业用户与智能电网相连的储能系统集合起来，通过分析、控制并优化储能系统运行，参与电网服务获取应用收益，对外等效为可控电源，具有正电厂供电和负电厂消纳双面功能。云储能则是一种共享式储能技术，基于现有电网，方便用户按需使用共享储能资源，并根据实际使用情况支付服务费。

在虚拟电厂中，储能起到了核心作用，其具备较强的主动性和充放电双向功能，弥补了虚拟电厂中负荷和电源单向性的缺陷。这使虚拟电厂能够更灵活地应对电力系统的变化，实现电力的高效调度和管理。

德国是虚拟电厂模式发展较为成熟的国家。德国 Next Kraftwerke 公司是欧洲最大的虚拟电厂运营商之一，该公司成功管理了德国、比利时等多个国家的 1.3 万个分布式能源单元和可调负荷。2020 年，公司营收达到 5.95 亿欧元，凸显了虚拟电厂模式在提高电力系统效率和应对能源变革中的重要作用。这也为其他国家提供了有益的经验和借鉴，其主要盈利模式如表 5-2 所示。

表 5-2 虚拟电厂主要盈利模式

资源	盈利模式
发电资源	使边际成本较低的发电资源（如风电、光伏等）参与电力交易
响应资源	利用快速响应资源参与电力辅助服务市场获得收益，管理自身的发用电行为，实现高峰售电、低谷用电

资料来源：作者根据公开资料整理

我国一些主体对虚拟电厂模式也进行了积极的探索。国家发展改革委、国家能源局在 2021 年 7 月发布的《关于加快推动新型储能发展的指导意见》中提出，为推动新型储能快速发展，要积极探索虚拟电厂商业模式。2021 年 11 月，国内首个虚拟电厂平台在深圳正式启动运行。深圳供电局利用该平台向用户发起调峰需求，深圳地铁集团和深圳水务集团积极响应，并按照计划调节用电负荷高达 3 MW。尽管国内已有一些虚拟电厂项目接入了储能资源，但这种新兴模式仍面临一些挑战，包括框架不明确、商业模式不清晰以及配套政策机制不健全等。

虚拟电厂模式具有多方面的价值，包括实现与实体电厂几乎相同的效用，实现源、网、荷、储的集成调控等。然而，这些价值尚未完全转化为实际收益，其盈利模式仍需进一步探索。应对这一挑战需要在良好的政策和市场环境下推动虚拟电厂模式的可持续发展。虚拟电厂的核心在于建立平台，其关键在于充分利用系统资源与外部市场进行交易，以实现降本增效的目标。

除此之外，虚拟电厂应积极探索并拓展其应用场景。例如，随着新能源汽车的快速普及，虚拟电厂可以考虑将新能源汽车充电行为纳入系统，进一步丰富其应用领域，提高资源的利用效率。这样的拓展将有助于虚拟电厂更全面地应对电力系统的需求，突出其在能源转型中的作用。

4. 社区储能模式

通过社区储能模式，居民可以低于市场电价的费用使用社区储能装置，以满足自身用电需求。项目开发商在这种模式下可获得三方面的收益，即电费收益、服务电网收益、供热收益。

当前，澳大利亚、德国和英国社区储能模式发展较为成熟。在澳大利亚，Al-kimosBeach 储能试验（ABEST）项目由澳大利亚国有公用事业厂商 Synergy 联合其他开发商合作开发完成，计划对社区储能模式进行探索研究。在项目 5 年的运营过程中，用户的高峰电量需求量得到了有效降低，实现了对社区居民的电费管理。然而，ABEST 项目重点解决的是管理用电高峰需求，并没有为电网提供频率调节和电压支持等辅助服务。社区储能模式以社区用户为基础，目标是在满足社区用户需求的前提下创造其他收益。

此外，德国 Sonnen Batterrie 公司于 2015 年推出 Sonnen Community 计划。根据该计划，其会员/用户将光伏电力存入电池储能，存储的电力被用于自消纳、社区用户之间的电力交易及提供电网服务。电力用户只需支付一个固定费用（低于从电网购电的电费）即可。这种模式的潜在热点区域是德国、美国和澳大利亚。澳大利亚 2016 年底已经开始在 White Gum Valley 项目中试验这种模式，美国也开始在部分社区推广这种模式。

与其他商业模式相比，社区储能模式用户群体更稳定。这种模式在推广时需要进行充分的前期调研，充分展现项目对社区的好处，并给予客户充分的售后服务支持。

5. 其他模式

除上述提到的四种商业模式外，储能领域还存在其他一些商业模式，其中大部分结合了租赁、共享、虚拟电厂和社区储能等模式。开发商需要根据市场需求和客户要求，灵活运用多种商业模式，以实现储能在市场上的可持续发展。

事实上，储能市场中还有很多上述模式的衍生模式或混合模式。比较常见的混合模式是运行租赁模式/共享节省电费收益模式与虚拟电厂模式的混合。例如，美国 Stem 公司分别于 2017 年 6 月和 8 月将其开展租赁模式的储能项目聚合起来构建虚拟电厂，参与现货市场交易并响应调度。至于衍生模式，目前比较常见的是将售电和储能相结合，为用户提供能源服务。例如，德国公司 SENEC 利用储能和智能管理系统，通过开发一系列能源服务套餐，为用户提供附加值较高的能源服务，为国际上的其他储能设备供应商或能源服务商提供了示范样本。

（三）典型商业模式案例

1. 集中式储能商业模式

在新型储能领域，集中式储能商业模式可分为两种主要类型，一种是与新能源发电机组联合配置，另一种是与常规火电机组联合配置，这两种模式在获取收益的途径上有所不同。在与新能源发电机组联合配置的商业模式中，主要通过减少弃风弃光电量，以增加电费收入的方式来获取收益。此外，通过减少"两个细则"考核支出，以及支持新能源电站参与电力现货和辅助服务市场，实现进一步盈利。这种合作模式通过提高新能源发电的利用效率、减少能源浪费，来提高整体经济效益。而与常规火电机组联合配置的商业模式主要通过提高电厂的调频响应能力和参与调频辅助服务来获取收益。

（1）与新能源联合配置

新能源电源侧配储能的商业模式通常涉及强制安装要求、激励手段和补贴政策以及多功能利用等多个方面。例如，政府或主管部门可能规定，新建的风电或光伏电站在场区内必须配置储能设施，以解决弃风弃光问题或提高电站的稳定性和可靠性。此外，通过各种激励政策和补贴，鼓励电站配备储能设施，包括但不限于储能电站上网电量的补贴、税收优惠、资金补助等，这些激励措施有助于激发电站配备储能设施的积极性。配置储能设施的电站可以利用储能电量电力市场，包括电力现货市场和辅助服务市场，从而获得额外收益。储能设施的多功能利用也体现在提高电站的灵活性和响应能力上，使其能够参与电网侧的调频调峰等服务，进一步增加收益。

（2）与火电联合配置

与火电联合的商业模式在多个方面展现出强大的合作效益：新型储能设备通常安装在火力发电厂内部或其附近，以实现与火电机组的紧密联合运营。通过在火电机组配置储能设备，可以为火电机组提供更多辅助服务，如频率调节、电压支持等，从而获得额外的补偿，有效提高火电机组的运营收入。这种合作还使储能设备厂商与火力发电厂能够共享所获得的辅助服务收益，包括 AGC 调频收益等。这种全方位的合作模式不仅增加了双方的收益，还提高了整体经济效益。

2018 年以来，火储联合调频作为一种新型储能运营模式，在各地得到了辅助服务政策的积极支持，成为国内储能行业中率先实现商业化的运营模式之一。例如，科陆海丰储能联合百万机组调频 119GW·h 项目、广东粤电 2×600MW 燃煤发电机组配套安装 18MW/9MW·h 储能调频系统项目、广东能源集团 20MW 新型储能系统示范项目等采用了储能辅助火电 AGC 调频并分享收益的运营模式，标志着新型储能与火力发电的深度融合，为储能行业商业化发展奠定了良好基础。

2. 分布式储能商业模式

新型储能在负荷侧的商业模式主要基于分布式新能源、微电网及增量配网等建设方式，其核心目标是支持分布式供能系统的建设，提供个性化用能服务，以及增强用户的能源调节灵活性。这些商业模式通过参与电力现货市场或者充分利用峰谷价差进行套利，主要应用于城市、工业园区、大型商业综合体以及大型用电企业等场景。

进一步而言，光储微网、园区微网、光储充一体化和社区储能等，都是负荷侧配备储能的不同形式。以分布式新能源为例，储能设施、充电桩、备用电源和本地负荷等可以组成小型局域电网。这种电网既能够独立运行以实现新能源的自发自用和余电储存，又能与主电网互联运行。同时，它可以利用峰谷电价差进行套利，并作为增量配电网，有效降低配电增容费用。在分布式供能系统中，各个不同主体可以根据协商的收益分配方法形成可落地的商业模式。

四、重点企业积极探索储能应用模式

（一）南京钢铁集团大型工商业储能电站

中国中信集团控股的南京钢铁集团有限公司成立于1958年，"十三五"以来投入超过120亿元用于环保提升、超低排放改造和生态保护。近年来，南京钢铁集团有限公司（简称南钢）牢牢把握"清洁低碳、安全高效"现代能源体系的核心内涵，聚焦打造"美丽的都市型绿色钢厂"目标，积极推进构建全产业链绿色工业体系，将绿色发展作为推动企业高质量发展的重要引擎，探寻绿色智造之路。南钢全面践行绿色发展理念的新跨越，探索储能电站的并网运行，为新时代电力发展提供了借鉴，为南钢持续走绿色发展道路奠定了坚实根基。

2024年1月，装机容量61MW/123MW·h的南钢储能电站项目实现72小时全容量并网运行，是国内单体容量最大的用户侧储能项目，也是全国采用先进组串式储能系统的最大工商业储能项目，在行业内和用户侧有显著的示范效应，标志着南钢在低碳制造领域取得突破和提升。

为了增强"动态响应"的能力，南钢通过充分的研究和规划，在省、市政府及供电公司支持下，于2023年5月启动建设装机容量为61MW/123MW·h的储能电站（见图5-4），2023年12月完成建设，开始联动调试，2024年1月实现了123MW·h全容量并网运行，每日两充两放。电站额定输出总功率61MW，并网电压等级为35千伏，最多可降低电网负荷6万千瓦。

图 5-4　南钢 61MW/123MW·h 储能电站

资料来源：南京钢铁集团有限公司

南钢储能电站项目是着眼于构建多能互补与储能相结合的能源体系、推动企业绿色转型发展而作出的探索实践。该项目创新采用小模组储能模块，缩小储能电池风险单位，有效降低消防风险。充分发挥小模组结构紧凑、灵活配置的优势，在不规则地块尽可能多布置储能电池，实现效益最大化。储能电站可根据江苏省尖峰电价政策，及时调整参数，灵活变换充放电模式，实现削峰填谷、平抑电价。

（二）浙江朗呈新能源海岛离网锂电储能系统

浙江朗呈新能源有限公司是一家太阳能和风力发电系统集成的公司，主要提供太阳能和风力发电系统的设计、配置、施工和维护、维修等服务，配合国家电网公司开展智能电网中分布式能源和智能家居改造试点工作。

2024 年 1 月，该公司承建的海岛离网储能项目——北麂岛离网锂电储能系统投入运营。该项目由上海派能能源科技股份有限公司提供核心部件锂电池系统，项目储能装机容量 6.75MW·h，搭配岛上的光伏系统为岛上居民提供了绿色、稳定、可靠的能源。

朗呈新能源建设了以"光伏发电＋储能"为主电源，柴油发电机为备用电源的微电网系统。光伏白天发电，多余的电存入储能系统，晚上光伏停止发电时由储能系统供电。储能系统的加入解决了光伏发电的波动性和时间特性的问题，24 小时为岛上居民提供可靠的绿色能源。该项目的建设不仅解决了北麂岛长期以来的缺电问题，而且通过采用清洁能源和储能技术，降低了对环境的影响，每年为岛上居民提供约 180 万千瓦时电能，减少约 1758 吨碳排放，助力国家"双碳"目标的实现。

海岛离网储能项目因其独特的地理位置，存在高盐雾、施工难度大等问题，且储能系统的高可靠性要强，要能够持续供电。派能科技在该项目上采用轻量化、高防盐雾的 PACK，完美解决了施工和高盐雾问题。将 BMS 升级至 4 级架构，采用光储共直流母线的方案，摆脱了离网系统对 EMS 的依赖；同时优化了 BMS 的保护逻辑，让系统运行更可靠。项目从 1 期到 3 期全部投运，从未因储能系统故障导致全岛停电。

（三）上海电气国轩"共享 +"储能模式

2017 年，上海电气集团股份有限公司和国轩高科股份有限公司合资成立上海电气国轩新能源科技有限公司（以下简称上海电气国轩）。2020 年 9 月，该公司位于江苏南通的合资储能电池工厂正式投产，占地 7000 平方米的企业研发中心揭牌成立。该公司致力于为各类储能应用提供一站式解决方案，实现从电芯到储能系统的全产业链覆盖，力争成为国内领先的储能技术供应商。目前，储能产品的研发与销售是上海电气国轩的主营业务。在储能产业领域，公司重点布局储能电芯和储能系统集成两大核心技术板块，持续投入研发，形成从电芯到储能系统的完整化产品技术链。

上海电气国轩已为不少国内外客户提供了一站式解决方案，并建设多个储能示范项目，包括崇明乡村示范能源项目、闵行工厂工业园区的智慧项目，青海格尔木的国内首个独立市场运作的储能电站等。在崇明区三星镇新安村，上海电气国轩提供了一套集"风光储充"于一体的智能微电网，为乡村能源生产消费结构优化提供了经验。正在建设世界级生态岛的崇明对环保要求非常高，所以本项目的特点是并 / 离网系统并存，实现分布式能源自发自用、余电上网，而且是 100% 可再生能源发电，助力构建零碳排放社区。在闵行工业区，上海电气国轩有近 2 万平方米的厂房和车棚屋顶被铺上了光伏板，用来替代部分火力发电。这个装备制造基地集齐了风、光、储、充、控五大元素，正逐步转型为绿色低碳园区。用储能的系统设备，在晚上低谷的时候充电，在白天用电高峰的时候进行放电。通过调节高峰和低谷的用电量比例，高峰用电量的比例可以降到将近 30%。

上海电气国轩建设的青海格尔木储能电站示范项目，是国内较早的"共享"概念商业化储能电站，为拓展电站集团储能业务板块发展起到了显著示范作用。青海格尔木储能电站示范项目于 2020 年 6 月底正式动工，并在当年 11 月初并网调试，当年 12 月 28 日正式商业运行。2021 年 3 月 15 日青海格尔木储能电站正式启动双边交易，成为国内首个双边协商市场化交易的储能电站，并实现电网单边调用和市场化双边交易并行的多元化运营。青海格尔木储能电站打响了"共享储能"的第一枪，共享储能电站不断在其他地区复制推广。2022 年底已并网的安徽金寨储能电站是安徽省第一座百兆瓦级独立电化学储能电站，同时也是安徽省第一个共享储能电站试点项目。

共享储能的建设，在保证严苛的供电可靠性的同时，能够避免资源的浪费。通过对储能系统的集中管理和优化调度，可以提高能源的利用效率和供应可靠性。用户通过共享储能能够进行峰谷价差套利，参与电网调峰，辅助调频，提高了电能质量。因此，共享储能也是上海国轩电气发展的重要方向。

（四）大连融科推动钒液流电池新型储能

大连融科储能技术发展有限公司（以下简称融科技术）是 2008 年由大连融科储能集团股份有限公司（以下简称融科集团）、中科院大连化学物理研究所和技术团队合资成立的高新技术企业。融科技术下设大连融科储能装备公司（下称融科装备）。融科集团、融科技术和融科装备构成的同心产业群（以下统称大连融科），致力于大规模钒电池储能技术创新、装备制造和市场推广，是全球少数掌握钒电池储能全产业链开发、完整自主知识产权及高端制造能力的服务商。大连融科通过与中科院大连化学物理所的产学研深度合作，在大规模储能领域深耕十余年，将钒电池从技术开发阶段、工程示范阶段逐步推进到商业化阶段，主营业务有钒液流电池储能关键材料、核心部件和储能系统的技术研发、生产制造与推广应用。

1. 科技研发能力

国家发展改革委和国家能源局依托大连融科设立了"国家地方联建液流储能电池技术工程研究中心"和"国家能源液流储能电池技术重点实验室"。大连融科已申请及授权国内外专利 300 多项，围绕钒液流电池技术建立起完整自主知识产权体系；技术成果获得包括国家技术发明二等奖在内的 10 余个奖项；牵头承担国家重点研发计划等国家级重大科技攻关任务。大连融科是国家能源液流电池标准技术委员会（NEA/TC23）副主任委员单位，全国电力储能标准化技术委员会（SAC/TC550）委员单位、国际电工委员会 IEC/TC21 JW7 委员单位，参与了国内外液流电池的标准制定工作，主导和参与制定国际 IEC 标准 3 项，国家标准 10 余项，行业标准 50 余项；是行业内首家通过 CNAS 国家级液流电池实验室认证（2019 年）的机构。

大连融科掌握高性能低成本钒液流电池用双极板、离子传导膜、电极等关键材料技术，性能均达到国际领先水平；实现高浓度、高稳定性钒电解液技术突破，钒离子浓度达到 2.4mol/L，在宽温区 (–55℃，–25℃) 内稳定工作，并实现钒电解液规模化生产，产能和市场占有率居全球首位。大连融科具备大功率、高功率密度全钒液流电堆的设计技术及批量化制造工艺，开发出 10kW~60kW 级系列标准电堆，额定工作电流密度提升到 220mA/cm²，额定能量转化效率超过 80%。大连融科开发出电堆自动组装产线，实现了电堆批量化、标准化生产。

面向新能源并网、电网调峰和工商业用户应用领域，大连融科研制出高性能、低成本的 TPower 和 SPower 系列全钒液流电池储能模块。TPower 单体电池模块功率有 500kW 和 750kW 两种，储能时长可根据需求（如 2 ~ 12 小时）灵活定制，交流侧效率达 70% ~ 75%。2 ~ 4 组电池模块串联后接入 PCS，构成可独立调度的储能单元，多组储能单元通过能量管理系统进行调度使用，适用于新能源并网配套储能和大型独立储能电站。TPower 产品采用预制舱式设计，高度集成，运输及安装便利，并采用叠层布局，有效减少占地面积。SPower 单体电池模块为 20kW，储能时长可根据需求（如 2 ~ 12 小时）灵活定制，采用柜式一体化设计，集成度和可靠性高，可含电解液整体运输，适用于工商业用户侧储能领域。

2. 生产制造能力

大连融科储能率先实现了钒液流电池关键材料（钒电解液、双极板）和储能装备的批量化生产。钒液流电池关键材料产业化基地（一期）于 2016 年投产，位于大连市北黄海经济区（花园口区），占地面积 12 万平方米，主要生产高性能钒氧化物、钒酸盐、钒电解液、双极板等，已建成钒电解液产能为 1GW·h，是全球规模最大的钒电解液生产基地，在建产能为 1.5GW·h（2024 年 6 月投产）。当前钒电解液市场占有率达到 80%。钒液流电池储能装备产业化基地于 2016 年投产，位于大连市金普新区三十里堡临港工业区，占地面积 11 万平方米，主要生产高性能系列电堆和全钒液流电池储能成套装备，产能达 1GW，是全球首个钒液流储能电池规模化生产基地。

3. 示范及应用

面向电网调峰、可再生能源并网、智能微电网三大目标市场领域，大连融科已在国内外累计实现钒电池储能装机 70 万千瓦时。典型案例如下。

（1）电网侧项目案例——大连 100MW/400MW·h 液流电池储能调峰电站国家示范项目

该项目建设规模 100MW/400MW·h，在国内外率先突破百兆瓦级钒液流电池储能项目关键技术，成为当前规模最大的全钒液流电池储能电站之一，对辽宁电网缓解调峰压力，保障大连安全稳定供电具有重要现实意义，是对储能技术模式、商业模式和政策模式的有益探索（见图 5-5）。

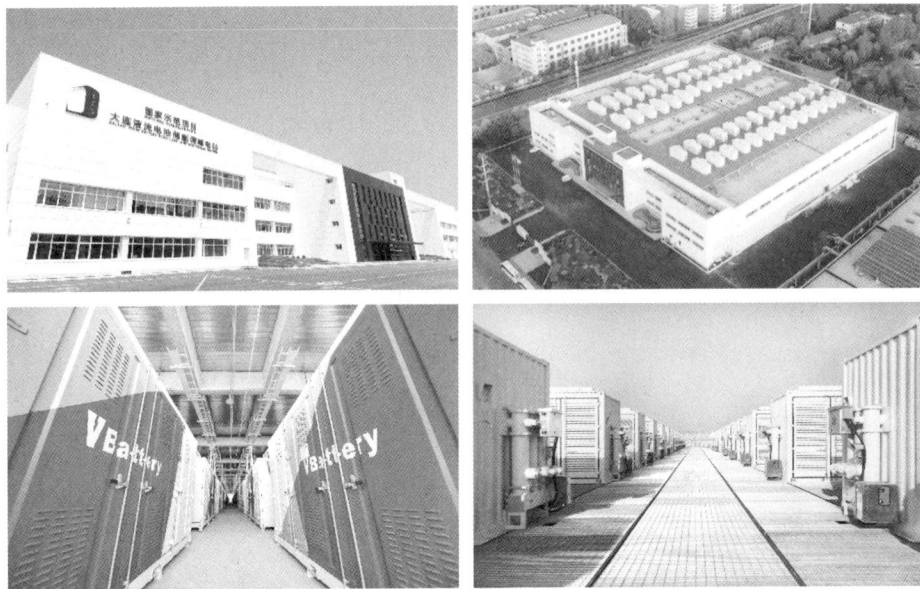

图 5-5　大连 100MW/400MW·h 液流电池储能调峰电站

资料来源：大连融科储能技术有限公司

（2）电源侧储能项目案例——网源友好型智能风电场储能项目

大连融科于 2012 年在辽宁省龙源卧牛石风电场建设了 5MW/10MW·h 全钒液流电池储能应用示范电站。该电站于 2012 年成功通过辽宁电网和业主的验收，各项指标全部达到设计要求。储能电站直接接受辽宁省电力公司调度中心调度，截至 2023 年底已稳定运行达 11 年，是全球运行时间最长的液流电池储能项目之一，奠定了钒电池作为安全、长寿命技术选择的市场地位，系统功率、容量至今无衰减，运行稳定。

2020年，由大连融科设计建造的3个10MW/40MW·h网源友好型风场储能项目相继投运（见图5-6），实现了全集装箱一体化室外全钒液流电池产品的应用。

图5-6　大连驼山风电场10MW/40MW·h储能工程现场

资料来源：大连融科储能技术有限公司

（3）工商业用户侧项目案例——枞阳海螺6MW/36MW·h储能项目

2022年，大连融科与海螺融华公司为枞阳海螺水泥厂设计提供了一套6MW/36MW·h全钒液流电池储能系统（见图5-7），该项目利用峰谷电价差采用削峰填谷模式获取电价差收益，在23：00—08：00时段给储能充电，在09：00—12：00高尖峰时段储能系统放电给厂区负荷使用，在12：00—17：00时段给储能系统充电，在17：00—22：00高尖峰时段储能系统放电给厂区负荷使用。该峰谷时段特点可满足储能电站"两充两放"（满放约1.333次）要求。此系统最大化地利用了储能系统出力的特性，高峰和尖峰时段使储能电站为工厂提供补充电能，实现系统的最大经济性。同时，该项目充分利用钒电解液可循环使用的价值，对电解液采用了租赁模式，减少客户初始投资，有效提高项目收益率。

（五）沈阳微控飞轮加快飞轮储能产业化探索

沈阳微控飞轮技术股份有限公司（简称微控飞轮）成立于2018年3月，是一家专业从事磁悬浮飞轮储能产品研发、设计、生产制造、

图5-7　枞阳海螺水泥厂6MW/36MW·h储能项目

资料来源：沈阳微控飞轮技术股份有限公司

销售及委托研发技术服务的国家高新技术企业，拥有 80 余项国内专利。该公司先后获得辽宁省"专精特新"中小企业、辽宁省独角兽企业、国家知识产权优势企业等荣誉称号。沈阳微控飞轮是我国飞轮储能团体标准制定企业，打破了国外相关行业技术垄断，攻克了飞轮储能核心技术——兆瓦级飞轮储能装置，并建成具备量产能力的磁悬浮飞轮储能生产线，2023 年企业实现产值 6 亿元，增速 1328%。

微控飞轮的主营业务是磁悬浮飞轮储能产品的研发、设计、生产制造、销售及委托研发技术服务，公司以具有全球领先性的磁悬浮轴承技术为依托，以飞轮为载体，为新能源场站一次调频及惯量响应、不间断电源、冲击性负载平抑等场景提供一系列的解决方案。

1. 科技研发能力

微控飞轮掌握了全球先进的磁悬浮轴承、高速永磁电动机 / 发电机及电力电子技术，获批辽宁省工程研究中心、辽宁省专业技术创新中心、沈阳市技术创新中心、沈阳市专家工作站、沈阳市产业技术创新联盟、辽宁省典型实质性产学研联盟、国家级绿色工厂、能源领域国家级首台（套）重大技术装备项目，获中央预算内专项支持、国家科技重大专项项目支持、辽宁省和云南省科技专项支持。企业现有研发人员 30人，占职工总数的 19%，其中，入选辽宁省"兴辽英才"计划 1 人，沈阳市高层次人才 2 人。2023 年企业研发投入 2286 万元。截至 2024 年 2 月，企业已申请专利 119 件，授权 82 件，其中授权发明专利 50 件。

公司已建立完善的飞轮储能研发、生产、测试体系，具备自主研发设计、生产制造和试验检测的能力。微控飞轮研发与中试配套设施齐全，加工设备包括精密车削中心、数控卧式车削加工中心、数控内外圆磨床、转子套压装设备、支撑轴承老化设备、高压脉冲充磁机、飞轮真空干燥等；测试设备包括水浸超声检测系统、接地测试设备、耐压测试设备、直流试验平台、模块化可编程 UPS 测试负载设备、三坐标测量仪、电源堆栈测试设备、飞轮静态测试设备、动态测试 I（含飞轮跌落测试）、动态测试 II 等。

2. 生产制造能力

微控飞轮具备批量化生产高速磁悬浮飞轮储能装备制造能力，可对飞轮转子本体进行精密加工，并通过 3A 无损探伤技术以及高温淬火保证产品质量，目前公司设计产能为 5000 台 / 年。

2024 年，微控飞轮计划建设以飞轮储能为中心的生产基地，构建完整、高效的新能源储能产业链。项目总投资为 20 亿元，总占地面积约 16 万平方米，总建筑面积约 18 万平方米，全面投产运营后年产值可达到 100 亿元。项目全部建设投产运营后，可年产磁悬浮技术应用产品 50000 台。

除了生产能力建设和生产设备等硬件设施投入，微控飞轮也在同步推进管理体系完善及信息化建设，将 ERP、MES、测试系统、质量控制系统等融入整个生产制造过程，并通过了质量、安全、环境、知识产权管理体系、两化融合管理体系认证，出口美国所需的 UL 认证，于 2020 年初产品实现出口美国。

3. 主要产品

微控飞轮的储能产品主要用于电网一次调频、应急电源、电能质量管理、冲击负荷平抑、大功率脉冲电源领域，产品具有安全可靠、使用寿命长、功率密度高、无环境污染、运行温度范围广、充放电次数无限制等优点。公司产品入选能源领域国家级首台（套）重大技术装备目录、国家通信业节能技术产品推荐目录、全国工业领域电力需求侧管理第四批参考产品目录、辽宁省首台（套）目录、辽宁省应急产品目录、辽宁省工业高质量发展推荐产品目录等。迄今为止，公司已有近 4000 台飞轮储能设备安全运行在美国、加拿大、英国、法国、瑞士、巴西等国，稳定运行时间超过 10 万小时。

公司产品的技术指标具备国际领先水平，产品采用五轴主动磁悬浮技术，最高转速可达 41000 转 / 分钟。飞轮转子和轴承之间无接触，轴承无磨损，适合高速运行，寿命大于 20 年。采用永磁偏置轴承，可用永磁场承载飞轮重力，能耗更少。采用径向和轴向混合一体化轴承设计，集成度更高，体积更小。轴承刚度及阻尼在一定范围内可调，转子动力学特性好。产品采用高性能 IGBT，可实时控制交流侧和直流侧的双向功率变换。自适应调整交流电的频率，实现对交流电机的变频驱动。采用航天级合金钢飞轮材料，具有密度大、强度高、抗疲劳性强等特点，能够同时提高飞轮的质量和转速，综合性能好。每台飞轮均经过超声无损探伤，严格保证材料的一致性。转子采用稀土永磁材料，无需外部励磁。转子表面发热少，热稳定性好，体积小、功率密度大、效率高。产品采用全封闭合金外壳，起到密封、散热、电磁屏蔽及防护的作用。采用真空泵抽真空，实时检测并维持所需的真空度。采用独特的散热结构和风冷散热技术，维持系统的热稳定性。

4. 应用案例

微控飞轮主要应用于电力新能源调频领域、不间断电源关键电力保障领域、能量回收及电能质量治理领域。2020 年，微控飞轮在国内实现全球首例"风电联合调频项目"，并完成"中印边境飞轮 UPS 应急电源保障""2022 年北京冬奥会应急电源车"等具有代表性的应用项目。2021 年，在大唐阜新风场开展了全球首个"风电场站一次调频＋惯量响应飞轮储能"应用项目，在乌兰察布开展了"源网荷储一体化"示范应用项目。2022 年，在江苏星巴克中国咖啡创新产业园开展关键负荷应急电源保障项目，在深圳市疾控中心开展应急电源保障项目。2023 年，在广西玉林天堂顶开展单风机配飞轮一次调频及惯量响应调节项目。承担永济市国云微控能源科技有限公司100MW/50.43MW·h 独立混合储能建设项目，2023 年 11 月 30 日已完成 50MW 飞轮储能系统的发货。

（1）山西老千山新能源飞轮混合储能项目（见图 5-8）

微控飞轮与中核集团理化院、国家能源集团、中国电科院合作完成世界首（套）在山西老千山风电厂飞轮储能一次调频项目，该项目为国家电网重大科技攻关计划"规模化风电机组调频性能关键技术研究与应用项目"，项目如期顺利通过国家电网重大科技专项验收。

项目采用飞轮储能与风电机组联合一次调频方案，可以改善风电机组的调频性能，保证电网频率稳定，促进我国风电行业的进一步发展。项目部署地点为山西省右玉县国电老千山风电场，部署规模为1MW 飞轮储能系统 +4MW 锂电池储能系统。项目是全国首个"飞轮 + 锂电池"混合储能调频项目、全国首个完成 35kV 并网试验的兆瓦级飞轮储能系统、全国首次实现混合储能技术在发电侧一次调频领域的应用；为电网消纳规模化风力发电机组开辟了新的思路和方法，为风电场参与电网调频辅助服务、确保电网安全以及提升风电场经济效益提供了理论支撑和现实依据。

（2）"中印边境飞轮 UPS 应急电源保障"项目（见图 5-9）

微控飞轮与中船集团系统院合作开展的高海拔飞轮应急电源项目于2020 年顺利实施完成，项目各项指标顺利通过验收。项目应用环境为海拔 4500 米，最低温度 –45℃，最高温度 26℃，额定功率 360KW，后备供电时间不少于 15 秒，系统部署采用集装箱式。本产品在高海拔、低温等恶劣条件下的应用，为飞轮在应急电源保障领域的应用做出实质性的突破。

图 5-8 山西老千山新能源飞轮混合储能项目

资料来源：沈阳微控飞轮技术股份有限公司

图 5-9 "中印边境飞轮 UPS 应急电源保障"项目

资料来源：沈阳微控飞轮技术股份有限公司

（3）2022 年北京冬奥会应急电源车项目（见图 5-10）

2020 年，微控飞轮与国家电网公司北京潞电集团达成战略合作，在其研发的氢能源发电车上部署了 XXT 450KW 飞轮产品，用于 2022 年北京冬奥会开幕式及各赛事场馆应急电源保障。2020 年 12 月—2021 年 2 月，搭载微控磁悬浮飞轮设备的氢能源发电车参与了延庆、张家口等地奥运测试赛的实际部署，充放电测试和实际应用已经达到 1800 多小时，实际充放电达到 700 多次，其可靠性获得了北京冬奥组委会的高度认可。

氢能源发电车主要由磁悬浮飞轮设备、UPS 不间断电源系统、氢燃料电池系统、监控系统、储氢系统及底盘车等部分组成。氢能源发电车连接在市电与关键负载之间，市电正常时，市电输入经过 UPS 系统的整流、逆变模块变换为稳定的交流电，为负载提供高质量的电能，同时为飞轮设备充电。当市电断电或者发生电压暂降时，飞轮设备检测到 UPS 直流母线电压失压，立即通过 UPS 逆变器输出电压电流，维持负载不间断供电。直流母线电压的失压信号同时传送到监控系统，监控系统对氢燃料电池系统下发启动命令并进行功能自检，当检查完毕无误后，氢燃料电池系统各部件依次启动。当输出电压达到一定值时，闭合继电器进行并网，由氢燃料发电系统经过逆变器向负载供电，同时给飞轮设备充电。

微控磁悬浮储能飞轮设备具备可靠、安全、绿色环保等优势，凭借领先的磁悬浮飞轮技术，助力冬奥会各赛事场馆电力保障，完成电力保障任务，实现零排放、零污染，契合大会"促进低碳产业发展"的环保理念。

（4）湖北宜昌飞轮 UPS 移动应急电源系统项目（见图 5-11）

2020 年 3 月，微控飞轮牵头，联合葛洲坝能源重工有限公司、科华恒盛股份有限公司、施耐德电气（中国）有限公司等 6 家企业向湖北宜昌供电公司捐赠了 1 套飞轮 UPS 移动应急电源系统，并且已经通过宜昌供电公司验收，将用于疫情防控、重大活动支援和电力保障等领域。

图 5-10　2022 年北京冬奥会应急电源车项目

资料来源：沈阳微控飞轮技术股份有限公司

图 5-11　湖北宜昌飞轮 UPS 移动应急电源系统

资料来源：沈阳微控飞轮技术股份有限公司

（5）乌兰察布源网荷储一体化示范应用项目

项目部署地点为内蒙古乌兰察布市集宁区察哈尔工业园现代装备制造园区，部署时间为 2021 年 12 月，项目规模为 1MW/15MJ 飞轮储能系统。（见图 5-12）

图 5-12　乌兰察布 1MW/15MJ 飞轮储能系统

资料来源：沈阳微控飞轮技术股份有限公司

5. 未来发展战略

自 2018 年成立以来，经过多年的快速发展，微控飞轮已成为估值超过 10 亿美元、全球领先的飞轮储能独角兽企业。未来，微控飞轮将专注飞轮储能赛道，结合自身战略发展需要，积极稳妥推进资本市场相关工作，继续以科技创新推动产业创新，积极培育发展新能源产业，加快形成新质生产力，带动沈阳新能源产业集群高质量发展。2024 年，微控飞轮预计将实现产值 20 亿元，并积极申报科创板材料，计划 2026 年实现上市，努力打造全球领先的飞轮储能企业。

坚持科技创新。开发新技术，通过对磁悬浮轴承、高速电机、有机朗肯循环等关键技术进行预研，已开展中低温磁悬浮 ORC 发电装置的研发，该项技术可实现 90℃~150℃中低温余热高效利用，转化效率达到 12%，项目成果可广泛应用于地热能发电、工业余热发电等领域，实现清洁能源高效利用、余热废热回收利用、节能减排。项目计划在 2024 年完成设计开发，2025 年完成样机试制，2026 年完成规模化示范应用。项目技术指标为国际领先水平，可进一步带动产业高速发展。

推动成果转化。通过与清华大学、上海交通大学、哈尔滨工业大学等高校以校企合作、科研院所联合攻关等多种方式，打造新能源技术成果转化平台，将各类新技术在产业园内进行成果转化，推动其快速发展。

第 六 章
我国储能产业健康可持续发展的建议

一、储能产业迎来重要发展机遇期

党的二十大描绘出实现中国式现代化的宏伟蓝图，在积极稳妥推进碳达峰、碳中和的目标下，提出了深入推进能源革命、加快规划建设新型能源体系、确保能源安全的要求。中国式现代化发展需要充分考虑可再生能源的安全可靠替代，推进储能产业特别是新型储能业态的发展，是破解新型电力系统建设中可再生能源消纳瓶颈的关键手段之一。因此，推动新型储能系统的建设，对于促进中国式现代化体系下构建新型能源体系及新型电力系统，具有现实意义和长远意义。

在经济高质量发展和"双碳"目标下，我国传统的高能耗、高排放产业将面临淘汰和逐步转型的需求，储能产业作为节能减排的重要推手，既符合绿色发展的理念，又能提升满足现代社会对高效、清洁能源的迫切需求，也是经济高质量发展的关键领域。发展储能产业对于促进经济高质量发展具有重要作用，不仅能够培育发展新动能、带动经济结构向中高端迈进，还能带动相关产业链的发展，包括电池制造、电力电子、智能控制等产业，从而形成新的经济增长点。同时，储能产业链的布局发展还能提高一个地区的综合竞争力和可持续发展能力，吸引更多的优质资本和人才聚集，进一步促进经济的高质量发展。

2024 年的《政府工作报告》提出，加强大型风电光伏基地和外送通道建设，推动分布式能源开发利用，提高电网对清洁能源的接纳、配置和调控能力，发展新型储能，促进绿电使用和国际互认，发挥煤炭、煤电兜底作用，确保经济社会发展用能需求。这是我国首次将

"发展新型储能"写入政府工作报告。

新型储能日益成为我国建设新型能源体系和新型电力系统的重要支撑，是新质生产力的代表，发展新型储能是培育新质生产力的重要路径。近年来，随着我国新能源发电规模持续快速增长，新型储能进入快速发展期。据国家能源局统计，"十四五"以来我国新增新型储能装机直接推动经济投资超过 1000 亿元，带动产业链上下游进一步拓展，成为我国经济发展新动能。随着我国加快构建以新能源为主体的新型电力系统，新型储能技术多元发展、加快迭代，储能系统的建设和运营成本逐渐降低，应用场景不断拓展，新型储能从试点示范转向规模化商用，迎来快速发展的黄金机遇期。

二、新型储能技术将实现多元化、规模化发展

未来，我国新型储能将呈现产业规模化、技术精益化、机制体系化齐头并进的发展趋势。同时，新型储能在多地以多种方式参与电力市场及现货市场交易，日趋完善的商业模式将推动新型储能更加精准地匹配电力系统调节需求。

（一）储能技术发展路线将呈现"三步走"战略

在未来能源结构转型和电力生产消费方式变革中，储能技术将发挥战略性支持作用。根据国家能源局发布的《新型电力系统发展蓝皮书》，按照党中央提出的新时代"两步走"战略安排要求，锚定 2030 年前实现碳达峰、2060 年前实现碳中和的战略目标，基于我国资源禀赋和区域特点，以 2030 年、2045 年、2060 年为新型电力系统构建战略目标的重要时间节点，制定新型电力系统"三步走"发展路径，即加速转型期（当前至 2030 年）、总体形成期（2030—2045 年）、巩固

完善期（2045—2060 年），有计划、分步骤推进新型电力系统建设（见图 6-1）。在这个过程中，储能侧的发展计划如下。

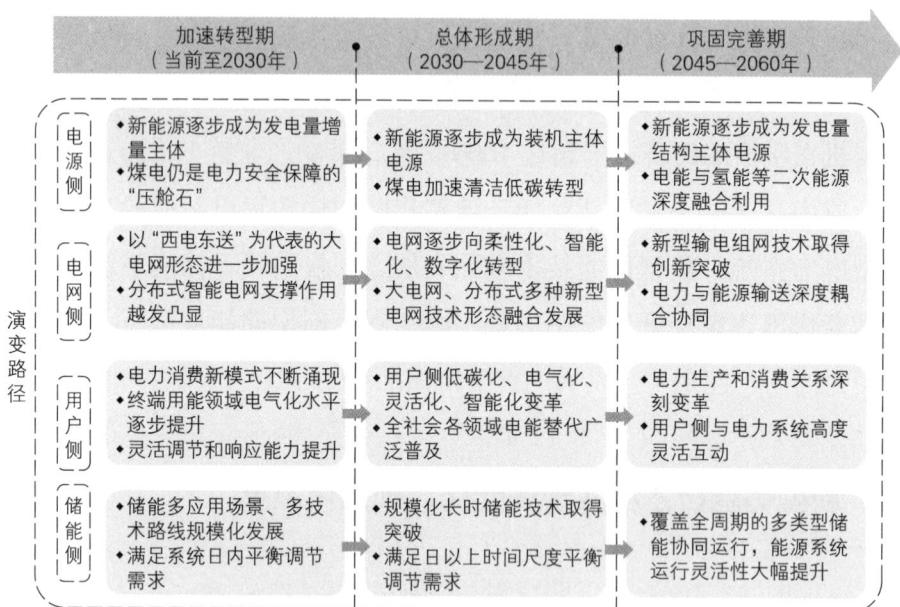

图 6-1　新型电力系统建设"三步走"发展路径

资料来源：国家能源局《新型电力系统发展蓝皮书》（2023 年）

1. 加速转型期（2030 年之前）

储能多应用场景、多技术路线规模化发展，重点满足系统日内平衡调节需求。以压缩空气储能、电化学储能、热（冷）储能、火电机组抽汽蓄能等日内调节为主的多种新型储能技术路线并存，重点依托系统友好型"新能源＋储能"电站、基地化新能源配建储能、电网侧独立储能、用户侧储能削峰填谷、共享储能等模式，在源、网、荷各侧开展布局应用，满足系统日内调节需求。

2. 总体形成期（2030—2045 年）

规模化长时储能技术取得重大突破，满足日以上平衡调节需求。

新型储能技术路线多元化发展，满足系统电力供应保障和大规模新能源消纳需求，提高安全稳定运行水平。以机械储能、热储能、氢能等为代表的 10 小时以上长时储能技术取得突破，实现日以上时间尺度的平衡调节。

3. 巩固完善期（2045—2060 年）

通过储电、储热、储气、储氢等覆盖全周期的多类型储能协同运行，使能源系统运行灵活性大幅提升。储电、储热、储气和储氢等多种类储能设施有机结合，基于液氢和液氨的化学储能、压缩空气储能等长时储能技术在容量、成本、效率等多方面取得重大突破，从不同时间和空间尺度上满足大规模可再生能源调节和存储需求。多种类储能在电力系统中有机结合、协同运行，共同解决新能源季节出力不均衡情况下系统长时间尺度平衡调节问题，支撑电力系统实现跨季节的动态平衡，能源系统运行的灵活性和效率大幅提升。

（二）储能技术不断成熟和成本不断下降将促进储能产业快速实现盈亏平衡

从技术成熟度来看，抽水蓄能是目前成熟且应用最广泛的大规模储能技术。新型储能中，锂离子电池技术成熟度最高，产业链最完善。液流电池和压缩空气储能技术的进步，目前已初步具备规模化应用的条件，已有较为成型的产品。飞轮储能、重力储能、钠离子电池关键技术不断取得突破，目前已具备应用基础，示范应用项目已经开工建设。超级电容器目前正处于实验室到技术验证阶段，产品已经具备示范应用条件。

从技术成本来看，目前抽水蓄能电站的成本为 5000～6000 元／千瓦，而锂离子（磷酸铁锂）电池储能系统成本为 0.8～1.0 元／瓦时。未来锂离子电池储能成本将会不断降低，与传统抽水蓄能的成本差距将逐渐缩小。目前先进压缩空气储能系统的效率能够逼近75%，造价为5000～6000元/千瓦，效率、成本已和抽水蓄能相当。全钒液流电池系统成本为2.5～3.0元/千瓦，约为锂离子电池投资成本的3倍，但随着储能时长的增加，其投资成本会逐步降低，目前储能时长6h规格的全钒液流电池初装成本已经降到2.5元/千瓦左右。

从应用场景来看，由于技术功率、容量特性各不相同，其应用场景也存在区别。从目前不同新型储能技术典型应用情况来看，抽水蓄能、压缩空气储能电站规模较大，应用规模基本在百兆瓦级以上。锂离子电池储能技术应用规模虽然已经达到百兆瓦级以上，但储能时长不宜过长，基本在4小时以下。液流电池可根据实际情况调整储能功率和时长，储能时长可高达6小时及以上，适合长时储能应用场景。钠离子电池、重力储能目前处于小规模示范阶段，适合小时级应用场景。飞轮储能、超级电容器储能属于功率型储能，适用于大功率、响应快、频次高的场景。从能量密度来看，能量密度大的代表性储能技术有锂离子电池、钠离子电池；从响应速度来看，锂离子电池、钠离子电池、超级电容、飞轮储能和超导储能的反应速度均可达到毫秒级；从使用寿命（循环次数）来看，超级电容、飞轮储能和超导储能的寿命均比较高，超导储能理论上寿命可以是无限的，但目前该技术尚缺乏验证。

三、储能产业未来市场空间广阔

新型储能整体应用规模取决于可再生能源渗透率和电力系统传统储调能力。在碳达峰前，火电灵活性改造、气电、需求响应，以及抽水蓄能和新型储能已纳入国家相关政策规划，发展目标相对明确。对于碳中和阶段，可再生能源增速、传统火电规模以及新型储调技术经济性等不确定性较大。

截至 2023 年底，我国煤电装机容量 11.6 亿千瓦，占总装机容量的 39.9%。煤电机组下调幅度普遍在 50% 左右，常规机组的最小技术出力较大、爬坡速率较小，灵活性改造空间很大。2021 年 11 月发布的《关于开展全国煤电机组改造升级的通知》明确提出存量煤电机组灵活性改造应改尽改，"十四五"期间完成 2 亿千瓦，煤电机组纯凝工况最小技术出力一般要求达到 35% 额定功率。天然气发电具有较强灵活性调节能力，无论是简单循环机组还是联合循环机组，热态启动时间都在 1 小时以内，不仅可用于深度调峰，还能够启停调峰，从而使其调节范围扩大至 0～100%。据中国电力企业联合会预测，到 2025 年国内气电装机达到 1.5 亿千瓦，相比"十三五"末增加约 5000 万千瓦，可向系统注入大量新增灵活性。

除发电侧外，需求响应也是性价比颇高的灵活性资源。目前仅广东、上海、江苏、山东等地开展了区域性、非常态化的需求响应试点，国内需求响应市场仍有巨大潜力。2020 年 6 月，国家发展改革委、国家能源局印发的《关于做好 2020 年能源安全保障工作的指导意见》提出，引导和激励电力用户挖掘调峰资源，形成占年度最大用电负荷 3% 左右的需求响应能力。按照 3% 的需求侧机动调峰能力估算，当前全国电力需求响应理论容量约 4000 万千瓦，南方区域约 600 万千瓦。《"十四五"现代能源体系规划》提出，到 2025 年，电力需求侧响应能力达到最大用电负荷的 3%～5%，其中华东、华中、南方等地区达到最大负荷的 5% 左右。若假设 2025 年全国最大负荷达到 15.4 亿～16 亿千瓦，按照 5% 估算的全国需求响应能力将达到 7700 万～8000 万千瓦。

近几年，我国抽水蓄能在电力系统调峰方面相比新型储能仍具有一定竞争力，容量电价等政策也有力保障了抽水蓄能项目工程的快速上马。根据 2021 年 9 月国家能源局发布的《抽水蓄能中长期发展规划（2021—2035 年）》，到 2025 年，抽水蓄能投产总规模将达到 6200 万千瓦以上，相比 2020 年增加超过 3000 万千瓦。到 2030 年，抽水蓄能装机规模将进一步增加至 1.2 亿千瓦。未来，随着抽水蓄能电站的增多，抽水蓄能应用领域将更加广泛。"水风光蓄一体化""风光蓄一体化"应用场景也将逐步打开，建立"风光水火储一体化"多能互补模式。在城市周边、抽水蓄能资源站点聚集地，抽水蓄能将得到充分、有效利用，抽水蓄能电站受到更多重视。据国际水电协会（IHA）预测，到 2025 年，全球抽水蓄能累计装机规模将达 208GW。到 2030 年，全球抽水蓄能累计装机规模将达 239GW。"十四五"时期是加快推进抽水蓄能产业高质量发展的关键期，是构建以抽水蓄能作为储能主体推动风光大规模发展的战略窗口期，我国抽水蓄能产业将迎来快速发展的新局面。根据《抽水蓄能中长期发展规划（2021—2035 年）》，到 2025 年我国抽水蓄能投产总规模达到 62GW·h 以上，到 2030 年投产总规模预计为 120GW·h 左右，中长期规划布局重点实施项目 340 个，抽水蓄能储备项目 247 个。

在用户侧，国家发展改革委发布的《关于进一步完善分时电价机制的通知》要求各地合理确定峰谷电价价差，上年或当年预计最大系统峰谷差率超过 40% 的地方，峰谷电价价差原则上不低于 4∶1；其他地方原则上不低于 3∶1，为用户侧储能峰谷价差套利营造更大空间。2023 年 1 月，国家发展改革委发布的《关于进一步做好电网企业代理购电工作的通知》指出，逐步优化代理购电制度，各地要适应当地电力市场发展进程，鼓励支持 10 千伏及以上的工商业用户直接参与电力市场，逐步缩小代理购电用户范围，用户侧储能需求有望进一步提升。

除集中式储能电站外，近年来我国分布式光伏增速加快，部分地区配电网电流倒送压力加大，将带动分布式光伏配储能市场需求。同时，伴随着新能源发电渗透率的提升和现货市场的发展，部分省份陆续出现午间电力净负荷低谷现象，午间电力供大于求致使电价下降，也为用户侧储能创造更多充放电盈利机会。

为满足不断上升的灵活性调节需求，预计到 2030 年新型储能装机容量将超过 1 亿千瓦，到 2040 年将上升至 3 亿千瓦，2050 年达到 6 亿千瓦，2060 年达到 10 亿千瓦（含氢储能）。叠加抽水蓄能、常规水电、核电、煤电、天然气发电及光热发电等可调节可再生能源发电资源，2060 年各类电源顶峰能力达到 30 亿千瓦。

在新型储能领域，我国以功率计的新增和累计装机规模都已成为全球第一。根据国家能源局发布的数据，截至 2023 年底，我国已投运新型储能项目累计装机规模 3139 万千瓦 /6687 万千瓦时，平均储能时长 2.1 小时。2023 年新投运装机规模约 2260 万千瓦 /4870 万千瓦时，同比增长超过 260%，近 100 倍于 2020 年底装机规模。截至 2024 年一季度末，全国已建成投运新型储能项目累计装机规模达 3530 万千瓦 /7768 万千瓦时，较 2023 年底增长超过 12%，较 2023 年一季度末增长超过 210%。

随着储能技术的持续进步、投资成本的不断下降、商业模式的逐渐成熟，预计未来 5 年我国新型储能规模还将以超过 50% 的年均复合增长率快速增长。根据 IEA 的数据，我国想要实现碳中和以及电力部门的转型，需要在 2030 年部署共约 177GW 的新型储能系统。这意味着在理想情况下，我国新型储能市场的复合增长率需保持约 36.8% 才能满足碳中和目标的需要，为此我国新型储能技术应朝着多元化的路线不断发展，以满足新型电力系统在不同应用场景下的需要。

四、储能产业发展的政策建议

2023 年，我国可再生能源总装机突破 14 亿千瓦，占全国发电总装机的比重超过 50%，历史性超过火电装机。2024 年一季度，全国可再生能源新增装机 6367 万千瓦，同比增长 34%，占新增装机的 92%。截至 2024 年 3 月底，全国可再生能源装机达到 15.85 亿千瓦，同比增长 26%，约占我国总装机的 52.9%。在此背景下，我国应深入推进能源革命，加快建设新型能源体系及新型电力系统，加强能源产供储销体系建设。

储能是建设新型能源体系的重要支撑，被誉为新能源的"稳定器"、电力系统的"充电宝"、能源供应的"蓄水池"。2022 年 1 月，国家发展改革委和国家能源局联合印发的《"十四五"新型储能发展实施方案》提出，到 2025 年，新型储能由商业化初期步入规模化发展阶段，具备大规模商业化应用条件；到 2030 年，新型储能全面市场化发展。可再生能源新增装机规模的大幅增长和占全国发电总装机比重的快速提升正带动我国储能产业，尤其是新型储能产业进入规模化发展阶段。据专家预测，我国新型储能产业规模预计将在 2025 年突破万亿元，到 2030 年接近 3 万亿元。

面对可再生能源装机规模快速增长、储能产业发展不够规范、新型储能占比偏低及尚未发挥显著作用等挑战，我国应进一步明确储能在新型能源体系建设中的定位，确立储能的独立市场地位，充分发挥储能在促进可再生能源大规模消纳、支撑电网安全稳定运行及用户灵活高效用电等方面的重要作用，加快构建"安全可靠、经济可行、绿色低碳"的能源体系。为促进我国储能产业健康可持续发展，本章提出以下政策建议。

1. 确立储能的独立市场地位

为促进新能源消纳和提升电力系统灵活性，美国、日本、德国、英国等国通过立法给予储能相对独立的身份，并根据本国资源禀赋特征，允许储能参与电能量、容量、辅助服务等不同品种市场交易，采用多种手段鼓励储能参与电力市场。当前，我国储能系统主要运营方式是与发电机组联合，从系统整体上作为发电企业的一部分，利用调频、调峰等功能获益。相比于国外，当前我国储能系统缺乏作为独立市场主体运营实践，限制了储能技术的灵活应用，不利于从全系统角度优化配置和调用储能。为释放储能产业发展潜力，我国有必要明确独立储能设施并网、接入方式，允许其作为独立市场主体进行运营，允许不同容量的独立储能站接入不同电压等级，获得公平调度和公平报价的机会。

2. 加强新型储能核心技术与关键部件攻关

在各方的共同努力下，我国新型储能新技术不断取得突破，300兆瓦等级压缩空气储能主机设备、全国产化液流电池隔膜、单体兆瓦级飞轮储能系统等实现突破。然而，我国新型储能产业部分核心部件和关键材料技术仍需攻克，产业链基础和完备性还有待提升。一方面，我国应加快钠离子电池、液流电池、铅炭电池等多元电化学储能技术攻关，降低关键矿产资源依赖度，突破新型储能降本瓶颈。另一方面，我国需制定长时储能技术路线图，着力推进压缩空气储能、氢储能、热储能等长时储能技术研发及示范。针对锂离子电池核心部件依赖进口、电池设计仿真软件国产化率不高等问题，我国亟须突破控制芯片、绝缘栅双极型晶体管（IGBT）、高端隔膜、涂布机模头、激光器激光头等核心零部件技术，并充分利用掌握电化学储能全产业链庞大制造规模和海量数据资源的优势，出台鼓励设计仿真软件发展的政策，更好地促进设计仿真与制造工艺协同，加快电池设计仿真软件突围。

3. 加大长时储能技术研发及应用示范力度

据国家能源局统计，截至 2024 年一季度，我国新型储能项目平均储能时长 2.2 小时，储能时长不足 2 小时的项目装机占全部装机的 12.9%，2～4 小时的项目装机占比为 74.6%，4 小时以上的项目装机占比为 12.5%。可见，我国长时储能发展明显滞后。长时储能具有提升新能源消纳能力、替代传统火力发电、为电网提供灵活性电能资源、降低电网运行成本、使企业有更强的峰谷套利能力等优势。为解决新能源消纳和系统调峰问题，"十四五"期间，我国将推动大容量、中长时间尺度储能技术示范，推动全钒液流电池、铁铬液流电池、压缩空气储能、熔盐储热、氢储能等多种类别的长时储能技术研发。目前，我国新型长时储能技术仍处于发展中，需加强长时储能的基础性和关键共性技术研究，发展自主知识产权储能技术以及多种储能技术集成应用示范。允许长时储能参与电网调峰需求，形成更加灵活的电网调峰机制。增加电力辅助服务种类，开放调频、转动惯量、黑启动等市场，推动长时储能参与电力辅助市场。

4. 推动新一代信息技术与储能产业融合

储能产业的发展面临着成本高、安全风险大、利用率低等问题，通过引入大数据、云计算、物联网、人工智能等新一代信息技术，能够实现能量流与信息流的融合，为储能产业的这些难点问题提供解决方案。例如，通过建立电池的可重构网络，储能系统能够实现对电池的柔性和精细化控制，提升有效容量，延长循环寿命，大幅降低电池成本；通过建设数据采集系统，准确采集电池的电压、电流、电阻等数据和电站的运行数据，可增强储能系统的感知能力和提升安全防护水平；区块链等数字技术可将零散的储能资源整合在一起，实现储能资源的跨时空共享、复用，助力盘活闲散的储能资源，提升储能设备的利用率。政府部门应出台有针对性的激励政策，以示范项目、优惠政策等方式支持储能产业数字化、智能化发展。相关企业要积极探索各类数字技术在储能领域的应用场景，建设具备多种功能的数字化储能管理平台，提供智能化、全场景、体系化的服务。

5. 以市场化方式促进新型储能调用

市场化手段是提升新型储能利用积极性的有力举措。新能源强制配套储能项目在电力外送通道不畅、消纳市场不足的情况下，储能配而不用，只能流于形式。调研数据表明，近两年新能源强制配套的储能电站等效利用率只有 6.1% 左右，造成大量的项目建设浪费。因此，需尽快优化新能源发电配套储能政策，建议由新型并网质量标准引导新能源发电企业自愿配置储能。从目前新型储能利用情况来看，在能够较为充分参与电力市场的地区，电网侧储能的利用情况显著高于其他地区，山东等地独立储能日均等效调用次数达到 0.8 次左右。随着电力市场建设的推进，更为灵活有效的市场化手段能够进一步提升新型储能利用积极性，释放调节潜力。下一步，各地可探索新型储能容量租赁、容量补偿和以市场化方式形成相关价格机制。同时，我国还应以提高盈利能力为导向，加快围绕新能源配储、用户侧储能、火储联合调频、独立储能等典型应用场景探索多元化的商业模式。

6. 创新体制机制，保持政策稳定

我国储能产业的技术路线、商业模式及发展路径形成过程中仍面临不少体制机制约束，例如电力体制改革仍需深化、新型储能价格机制未形成等。为此，我国需要从顶层设计上统筹储能产业的发展，建设更为健全的运行机制与电力市场机制，持续推动新型储能技术产业进步，不断引导各类储能科学配置和调度运用，完善新型储能价格形成机制，加快储能商业化进程，支撑新型能源体系和新型电力系统建设。同时，我国一些地方虽然出台了储能产业支持政策，但没有长效机制。一些省份电力辅助服务政策频繁调整，在储能技术尚未充分验证和迭代的情况下，企业和市场的关注点被迫过早地转移至政策风险上，频繁的政策变动让投资者追求"快进快出"，给整个产业的投资带来了较大的风险，不利于产业长远发展。因而，这些省份亟须保持储能产业支持政策的稳定性和持续性。

7. 鼓励用户侧探索多元化用能方式

为进一步发挥新型储能作用和促进储能产业健康可持续发展，我国应注重鼓励用户侧探索多元化用能方式。当前，我国新型储能及储能产业发展过多地聚焦于电源侧和电网侧，对用户侧及其可发挥的作用还不够重视。不同于形式相对固定的电源侧和渠道较为单一的电网侧，用户侧具有应用场景丰富的特点，用能需求也较为多样。一方面，我国应鼓励用户侧结合分布式可再生能源发展进行多元化用能方式探索。例如，在工业用电价格较高的地区，允许工业企业结合自身用电需求构建集本地分布式可再生能源发电、储能电站于一体的微电网。另一方面，我国应结合新能源汽车大规模应用的形势，推进风电、光伏等可再生能源与储能、充电深度融合，提高新能源汽车绿色用能比例，带动新型储能健康可持续发展。此外，我国还应立足氢能技术的进步和氢能产业的发展，积极探索利用富余的、非高峰的或低质量的电力来大规模制氢并将氢能储存起来，将其应用于燃料电池、氢内燃机及掺烧锅炉等。

第七章

储能产业专家观点评述

一、刘吉臻院士：储能产业发展须从工程示范中发现问题、解决问题

（一）我国能源转型的背景及发展思路

2022 年，我国一次能源消费总量折合 54.1 亿吨标准煤，占世界能源消费总量的 26.5%，超过 1/4。煤炭、石油、天然气和非化石能源占一次能源消费总量的比重分别为 56.2%、17.9%、8.4% 和 17.5%。煤炭消费 30.4 亿吨标煤，占世界消费总量的 54.8%，超过 1/2。能源相关二氧化碳排放量 105.5 亿吨，约占世界二氧化碳总排放量的 1/3。我国仍处于"煤基能源时代"，以煤为主的能源结构在短期内难以根本改变，我国面临着煤炭仍占主导地位、环境污染碳排放高、用能效率较低、新能源技术创新能力不足、能源安全形势严峻等种种问题与挑战。

面对挑战，应大力推动化石能源清洁化、清洁能源规模化和多种能源综合化：化石能源清洁化即发展煤炭等化石能源清洁高效开发利用技术，降低化石能源消费量和占比；清洁能源规模化即发展可再生能源和先进核能技术，大幅提高非化石能源占比；多种能源综合化即提高电能在终端能源消费中的比重，突破电网、储能、氢能等综合能源技术。

对于新型电力系统与能源转型二十字方针，新能源电力系统全国重点实验室给出了具体的定义和解释：随着大规模新能源电力接入电网，电力系统需要在随机波动的负荷需求与电源之间实现能量供需平衡，其结构形态、运行控制方式以及规划建设与管理模式发生根本性变革，逐步形成以新能源电力生产、传输、消费为主体的新一代电力系统，即新型电力系统。"清洁低碳"即提高绿色发电装机、电量占比，

"安全充裕"即资源供给安全、系统运行安全、发电和电网能力充足，"经济高效"即完善市场机制、建立新型电力市场，"供需协同"即建立源网荷储一体化运行模式，"灵活智能"即数字赋能，建立灵活智能控制系统。

（二）新型储能发展现状与关键技术最新动向

近年来，在推进能源转型与构建新型电力系统的大背景之下，储能产业受到全球各国的高度关注，我国新型储能技术研发、储能系统集成、储能示范应用、储能产业化等领域发展极其活跃。

当前，全球储能产业发展呈现以下四大发展特点和趋势。

第一，全球储能产业处于快速增长期。截至 2022 年底，全球已投运储能项目规模达到 2.4 亿千瓦，同比增长 15%。2022 年，储能新增规模超过 3000 万千瓦，比 2021 年翻一番。中国、欧洲和美国新增规模占比分别为 36%、26% 和 24%，三者合计占全球新增市场的 86%。

第二，电化学储能将成增量主体，负荷侧储能呈爆发式增长。截至 2022 年底，全球电化学储能累计装机 4500 万千瓦，年增长率达到 80%，其中锂离子电池仍占据主导地位。

第三，新型电力系统建设将成为储能发展的核心推动力。储能是构建新型电力系统的重要技术和基础装备，有利于新能源快速增长和全球电气化程度提升。据有关机构预测，从 2022 年到 2050 年，全球风光等新能源发电量占比将由 14.4% 提升至 50%，电力在终端能源消费中的占比将由 20% 提升至 50% 以上。

第四，储能技术成本下降和政策布局将助推产业持续扩张。随着技术日渐成熟和产能扩张，储能成本快速下降，以锂离子电池为例，2022 年全球平均价格约 150 美元 / 千瓦时，比 2013 年下降了近 80%。

值得关注的是，我国新型储能发展势头迅猛。截至 2022 年底，全国新型储能装机规模约 870 万千瓦 /1805 万千瓦时，平均储能时长 2.1 小时。全国已投运的新型储能项目中，锂离子电池占比约 94.5%，铅酸（炭）电池占比约 1.7%，液流电池占比约 1.6%。压缩空气储能发展提速，占比约为 2.0%。

从技术角度出发，新型储能应重点发挥"促进新能源大规模开发消纳、支撑电网安全稳定运行和保障用户灵活高效用电"的三大功能。

在促进新能源大规模开发消纳方面，一是新能源富集地区通过建设系统友好型新能源电站、新能源场站配建储能、共享储能等形式平滑输出功率，减少新能源弃电，保障新能源高效消纳利用。二是支撑大规模新能源外送。例如，在戈壁荒漠大型新能源基地，储能可提升外送通道利用率和通道可再生能源电量占比。再如，在大规模海上风电基地，储能有助于提升海上风电消纳利用水平和容量支撑能力。

在支撑电网安全稳定运行方面，新型储能可用于保供、调节、稳定、替代和应急。"保供"即可支撑电力保供，利用储能应对尖峰负荷，提供顶峰供电服务；储能还可承担备用容量中的负荷备用及旋转事故热备用。"调节"即提升系统调节能力，电网侧接入新型储能资源统一调度，电源侧可构建"火储"联调或火电、核电等传统电源配储能。"稳定"即提高电网运行稳定水平，发挥调频、调压、事故备用、爬坡、黑启动等功能，提升系统抵御突发事件和故障后恢复能力。"替代"即延缓输配电设备投资，在输电走廊资源和变电站站址资源紧张地区，用储能代替输配电设备。"应急"即实现应急备用，新型储能在极端条件下可保证稳定、不间断供电，提升重要负荷中心的应急保障能力。

在保障用户灵活高效用电方面，一是提供需求侧响应能力，利用双向互动智能充放电技术参与电力市场调节，通过"低充高放"，降低用户的整体用电成本，同时响应电网调节需求，提升智能高效用电水平。二是满足用户高质量用能需求，针对用电量大且对供电可靠性、电能质量要求高的电力用户，支撑高品质用电；针对分散终端用户，以及具备条件的农村用户，提高用能质量和降低用能成本。三是服务用户绿色低碳用能，不间断电源、充换电设施等可作为用户侧分散式储能设施，电动汽车、智慧用电设施等双向互动智能充放电也可实现储能作用。

当前，规模化应用的新型储能技术主要有锂离子电池储能、液流电池储能和压缩空气储能。试点示范的新型储能技术主要有钠离子电池储能、抽水蓄能、压缩二氧化碳储能、重力储能、氢（氨）储能、飞轮和超级电容器储能。在尚处于研发攻关阶段的新型储能技术方面，国内外重点从低成本、高安全性、大规模方向克服现有技术短板。固态电池、金属空气电池、多电子二次电池、热泵储能、液态空气储能等技术领域是研究热点，但多数技术仍处于实验室研发阶段，距离规模化应用仍有一定距离。

（三）需要重新评估储能在新型电力系统中的地位和作用

电荷最大的一个缺点是难以实现大量的堆积。截至 2022 年，全球电化学储能累计装机 4500 万千瓦，但与更为庞大的发电装机相比，其所发挥的作用很有限，且新型储能也无法提供保障电力系统安全稳定运行所需的转动惯量等必要元素。在构建新型电力系统过程中，关键还是在于"源网荷"环节实现供需协同、灵活智能，储能在新型电力系统中也必将有发挥其作用的一席之地，新型电力系统建设也将成为储能发展的核心推动力。

要系统、准确评估储能在新型电力系统中的定位和作用，保持清醒的头脑与认识，稳妥有序推动储能发展。把储能置于构建新型电力系统这一宏大命题下，有两个关键问题。

第一个问题是：储能应该"放"在哪里？"放"在"源网荷"哪个环节更合适？

第二个问题是：储能的品类繁多，电化学储能、抽水蓄能、压缩空气储能、飞轮储能等，纵横交错，究竟孰优孰劣？

要回答上述两个问题，关键要紧扣能源转型二十字方针，即兼顾安全性和经济性，从近期、长期和远期角度，明晰储能的定位，坚持技术中立原则，稳妥有序推进储能的示范应用和规模化推广。以沙戈荒新能源大基地为例，储能的应用目标是促进新能源的大规模开发和消纳，目前"新能源配火电、配抽水蓄能或电化学储能"，关键在于"配多少"和"怎么用"。

从技术需求来看，新型储能发展的应用场景、储能规模、储能时长以及应用地区，都需要因地制宜、对症下药。例如，宁夏灵武电厂投入了 1.24MW 的飞轮储能示范项目，探索以此方式解决火电机组一次调频能力不足的问题。系统投入运行至今，有效解决了该厂原有的一次调频考核不合格问题，帮助电厂实现扭亏为盈。此外，项目仅需 3 年左右的时间即可收回全部初期投资，飞轮发挥了巨大的作用，该项目可在全国范围内同类型电厂推广。

因此，还是要多做示范，实践出真知，只有在示范过程中，才能发现问题、解决问题，纸上谈兵不可取。总而言之，一定要把通过技术攻关解决重大难题放在首位，核心是围绕低成本、高安全性和规模化的储能应用场景。

二、赵天寿院士：长时储能技术缺口依然较大

构建面向碳中和的新型电力系统，需要大规模、高安全性以及不同时长的储能技术。其中，最缺的就是长时储能技术。长时储能已由赛道边缘进入赛道中央，但目前各细分技术均有自身局限性，产业规模化发展面临不少挑战。

在碳中和时代，新型电力系统需要不同时长的规模化、高安全性储能技术。基于此，储能将成为保障能源安全的核心技术之一，整个产业本身会备受关注。风电、光伏发电技术发展很快，成本持续下降，但它们的特征是分散、间歇和不稳定。为保障电力系统稳定运行，有时不得不弃风弃光，抑制了对风、光的实际利用水平。储能恰恰可以平滑能量波动，提升对风、光的实际利用率。到实现碳中和之际，风、光等可再生能源占比预计从现在的4%升至60%，装机规模相应达到50亿千瓦。按照20%～50%的配储策略，储能装机容量将达到10亿至25亿千瓦，这大大超过了目前的煤电装机总量。可以说，碳中和时代对储能的需求非常大。

除了增量，"双碳"目标还对储能发展提出质的要求。以新能源为主体的新型电力系统，对储能要求非常苛刻，包括高安全性、高效率、低成本、规模化、长寿命，以及没有资源和地域限制等多个方面。在不同时间尺度下，风电、光电均存在不稳定性。新能源渗透率快速提升，对储能进一步提出高要求，其中尤为需要长时储能技术。

风、光在新型电力系统中占主导地位，受到气候变化影响，能量输出存在长周期波动，很可能出现长时间间歇，与用能需求不匹配。在数小时、数天甚至跨季节时间范围内，为避免发生供电间断，长时

储能就显得很重要。比如，《广东省推动新型储能产业高质量发展》等文件，就已明确要求开展长时储能关键技术攻关。

（一）技术缺口亟待补齐

从当前类型来看，主流储能技术包括抽水蓄能、压缩空气储能、电化学储能等不同路线。然而，这些技术各有各的局限性，现阶段仍难以大规模普及应用，尚无法满足所在领域的需求。

以最为成熟的抽水蓄能技术为例，其具备规模大、寿命长、能效高等优势，储能时长从若干小时到若干天不等，早在 2020 年便已占到我国储能装机容量的 90%。其最大技术挑战是地域限制，风、光资源丰富的地方，不一定具备建设抽水蓄能的地理环境。而且，抽水蓄能电站建设周期较长，通常为 6 ~ 8 年，对环评要求也比较高。

另一种与抽水蓄能类似的方式——压缩空气储能，在规模、时长、寿命上的表现都很可观，应用场景丰富，但其所需的储气空间大，有待进一步降本提效。

也有不受地域限制的储能技术，比如占据电化学储能主力的锂离子电池，能量密度高，响应速度快，效率也比较高。但是，锂离子电池的能量载体不像水和空气，它是不可以流动的，属于固态活性材料，在储能市场上不够灵活，成本也有待降低。锂离子电池要想大规模发展，安全问题值得关注。一是锂资源安全。锂电原料碳酸锂价格 2019 年为 5 万元 / 吨，2022 年便已升至 60 万元 / 吨。二是大规模锂电储能电站的安全性。以韩国为例，仅 2017 年到 2022 年 1 月，韩国已有 34 个储能电站发生火灾，造成直接经济损失高达 466 亿韩元。

综合对比各类主流技术，当前，长时储能技术仍有较大缺口，亟须着力补齐。

（二）液流电池有望满足需求

电化学储能可否像抽水蓄能、压缩空气储能一样实现长时？从原理上讲，电化学长时储能需具备两个主要因素，即可流动的能量载体和相应的能量转换装置。前者可包括氢气、甲醇、氨等燃料以及电解液，后者涵盖电解池、燃料电池、液流电池等装置。电化学流体电池易模块化、时长灵活、安全且无地域限制，适用于长时、大规模的储能，有望满足新型电力系统对储能提出的要求。

其中，又数全钒液流电池发展最快，目前已进入商业化初期阶段。我国非常重视全钒液流电池发展，装机量增长迅速。但电化学流体电池也不是没有短板，推广应用面临的最大问题是成本。电堆和电解液占储能系统成本的80%以上，所以应致力于提升电池密度，或提升电解液利用率。比如，现在电解液利用率大约只有60%，相当于40%的钒没起到作用，因此要提高电流密度。突破技术瓶颈，是抢抓储能产业机会的关键。

三、欧阳明高院士：氢储能将成为主流

（一）绿氢的储运和加注

氢气的储存有多种技术路线：气态、液态和固态，近期比较流行的是固态储氢，固态储氢又分很多种。储氢的关键是成本，这里指平准化储氢成本，也就是以全生命周期总投入和储氢循环的总量来算成本，但固态储氢目前还在自研阶段，成本无法计算。

目前，高压容器储氢成本最低。液态储氢发展最好的是液氨储氢，氨的储氢量大，1立方米氨能储存120千克氢气，液氢液化可以储存50千克。液氨储氢的效率更高，而且氨基础设施完备，所以氢气的大

规模、长距离储运将来都是氨储氢。

车端储氢目前用的是 35MPa 氢瓶，这仍然是主流技术，中期突破的可能较小。下一步要提高氢瓶压力，目前 70MPa 氢瓶较贵，储氢价格为 6000～7000 元 / 千克。降低氢瓶成本的核心材料是高强度碳纤维，材料需要国产化才能把价格降下来。

从运氢的角度看，如果氢气价格是 11 元 / 千克，拖车的压强是 20MPa，则运输 100 千米需要 10 元，加氢站费用为 10 元，最终加到车上大概是 30 元。如果储运压强提到 50MPa，单车运氢可接近 1 吨，运输成本会大幅降低。如果长距离（1000 千米）运输，量比较小的时候，输电更划算，超高压输电更有优势，将来大规模、长距离输氢管道更具优势。

（二）氢系统集成和氢储能

氢能系统集成的技术挑战是产业链多环节和多元化，从可再生能源到终端应用，包括制氢、转化、储存、运输、加氢和应用，每一个环节都是多元化的。和电动汽车、动力电池不一样，氢能没有统一的标准，环节又比较多，所以必须在众多方案中选择。没有统一的模式和标准的解决方案，就只能因事制宜、因地制宜，国情决定路线，场景定义产品。

氢系统集成——现在大的制氢公司往往都要 50 个、100 个电解槽（1000 立方米），这 100 个电解槽怎么集成？全世界都没干过。这涉及控制问题、安全问题、化工问题等一系列问题，这也是我们现在做的工作，比如做仿真平台，多槽混联，有实验方面的、有构型方面的，还有控制运行策略方面的。

氢储能——利用富余的、非高峰的或低质量的电力来大规模制氢，将电能转化为氢能储存起来，然后在电力输出不足时利用氢气通过燃料电池或其他方式转换为电能输送上网，发挥电力调节的作用。氢储能将是今后的主流储能方式，因为氢储能的规模和周期都是压缩空气储能和抽水蓄能等无法相比的。

可以在东部地区发展氢储能，比如分布式氢储能，就是用燃料电池发电。氢储能是除氢动力和氢原料，用于化工和钢铁之外的最大用途，也是未来新型电力系统的重要支撑。

氢储能需要把氢能全产业链集成，一个环节都不能落下，这是最难的。瓶颈在于制氢系统成本和发电成本。对于发电有多种选择：燃料电池、氢内燃机以及掺烧锅炉，现在主张在国内光伏风电基地旁边调峰煤电厂用掺氢燃烧的方式发电。

目前，煤电厂都在进行灵活改造，在低负荷的时候，煤燃烧是不稳定的，通过掺氢的方式可以解决这个问题。经过计算分析，在风光富足的时候制氢，掺入 20% 氢，二氧化碳会减少 40%。

氢储能可以实现能量季节性转移，未来 10% 的可再生能源要通过长时储能解决，主要靠氢储能。10% 是多少呢？到 2060 年，中国需要 1.5 万亿度电的长时储能，2060 年中国全社会用电量大概是 17 万亿度，占比 9%。

综上所述，制氢将成为中国氢能的优势，氢储运仍是薄弱环节，但是有很多选择。实际上，储氢是氢能相比电池最大的优势。当下，电池储电至少需要 1000 元 / 度，1 千克氢需要 33 度电，这些电用电池储存需要 3.3 万元。1 千克氢如果用一个 10MPa 的高压容器储存，最多需要 100 多元，差 1 ~ 3 个数量级。储氢贵是指车端，车下储氢跟电池储电相比要便宜几个数量级。

对氢能来说主要是成本问题，也就是经济性问题。为了解决氢的成本问题，比如加氢站，未来加氢站站内制氢是降低成本的方案之一，现在已经有很多氢气制取工作不在化工园区进行。当电价是 0.15 元 / 度时，绿氢具备经济性，但是加上过网费后（0.35 元 / 度）就不具备经济性了，总的来说电价要低于 0.2 元 / 度。

氢储能可以通过去掉过网费或者离网制氢，不去网上取电，直接光伏发电离网制氢。氢储能对电网进行调节，所以制氢的时候电价低，放电的时候有容量电价、调峰电价，因此电价很高，可以赚取差价。

车载储氢瓶很贵怎么办？ 70MPa 的氢瓶大概需要 50 万元，而一辆柴油车总共不到 50 万元。可以借鉴换电卡车的方式，换氢瓶不卖氢瓶，氢瓶寿命可达 1000 万公里。需要通过技术创新、商业模式创新来解决绿氢的经济性问题。

从全产业链看，氢能已经基本具备产业化的条件。氢能有战略价值，但是现在要发挥它的商业价值。没有商业价值，技术开发会很难进行下去，而商业价值的核心就是性价比，关键是绿氢的成本。要以富余绿电资源低成本制氢为源头推动，以多元化场景应用为龙头拉动，带动绿色氢能全产业链发展。

四、潘复生院士：加快推进新型储能材料与装备发展迫在眉睫

中国能源资源禀赋被概括为"一煤独大"，煤炭的大量应用已成为中国环境污染的主要来源。节能减排和能源转型是 2060 年前实现"双碳"目标的基本路径，但根本途径是能源转型。由于现有的储能技术无法满足能源转型的巨大需求，可再生能源的发展已到了"天花板"。一方面，中国能源短缺加剧；另一方面，弃风弃光弃水现象又越来越严重。开发新一代高效安全的储能技术与装备已成为实现"双碳"目标的重要突破点和刚性需求，是实现节能减排和能源转型的关键，而

其中新型储能材料与装备的开发是基础和保障。

（一）发展新一代储能材料与装备产业的重要性

在各种能源形式中，电能和氢能是最重要的两种能源，但其储存都遇到了严重的瓶颈，亟待突破。

氢能高效安全储运及应用已成为氢能战略实施的焦点，而新一代储氢材料是竞争的制高点。氢能是一种来源广泛、清洁无碳、灵活高效、应用场景丰富的二次能源，在降低环境污染和实现能源转型方面潜力巨大；作为氢能应用的重要对象——燃料电池，具有能量转化率高、噪声低、零排放等优点，是下一代电动汽车的理想电源。氢能应用已成为全球发展战略和竞争焦点，2019年氢能首次写入《政府工作报告》。但在氢气制造、储存运输和应用三个环节中，氢气的高效安全储存运输已成为制约氢能应用的重大瓶颈，导致供氢端氢气产能过剩而应用端氢气供应严重不足。有关部门严格规定氢气运输车运输距离不能超过200千米，并且有不能过隧道等限制。限制性瓶颈技术就是关键材料，固态储氢材料是重要发展方向。其中，镁合金固态储氢是最有潜力的新型储氢材料之一，矿产资源极为丰富，其产品可以实现从高压气态储氢、低温液态储氢向固态常温常压储氢的突破性转变，安全性大幅度提升，并且储氢密度是稀土固态储氢的3~5倍，是一项颠覆性技术，市场容量可达几千亿元。

发展新一代高效环保安全电池材料和电池产品已成为电池产业发展的重点，对储能产业和电动汽车的发展至关重要。电池是目前主要的动力电源，也是仅次于抽水蓄能的储能途径。目前使用量最大的是锂电池，已成为工业应用和人们日常生活的必需品。但锂电池存在着资源短缺、成本高、环境污染严重、安全性较差等问题，频繁发生的电动车爆炸和储能电站爆炸事故直接影响人民群众的健康和安全。电池能量密度越高政府补贴越高的政策又导致部分电动汽车单纯追求高能量密度，但能量密度越高安全性越差是目前锂电池很难解决的问题。发展新一代高效环保安全电池已成为全球电池产业发展的重点。其中，镁电池、钠电池等具有高效、安全、资源丰富等特点，一旦技术取得突破，将是电池工业的突破性变革，市场容量巨大。

（二）加快中国新一代储能材料与装备产业发展的若干建议

储能方式主要有抽水蓄能、电化学储能、储氢、储热、机械储能等。由于度电成本低，抽水蓄能目前在大规模储能中占比极大，但是抽水蓄能能量储存效率较低并受水库地理条件的限制，环境评估难度大，难于更全面地推广。以锂离子电池为代表的电化学储能，由于存储方便，在电动交通工具、便携电子产品等方面获得广泛使用，但锂离子电池存在资源短缺、安全性能较差、环境污染严重等问题。现有高压和液态氢储运安全性差、效率低，成为氢能发展的"卡脖子"问题。上述问题严重制约中国清洁能源的发展应用和"双碳"目标的实现，发展新一代储能材料与装备产业是中国大规模应用清洁能源的刚性需求。新一代储能材料与装备要着重解决传统储能存在的瓶颈问题，发展安全性高、成本低、环境友好的新型储能材料与装备，重点应发展固态氢储运、新材料管道运输等新一代储运氢技术、镁电池、钠电池、金属空气电池、固态锂电池等新一代电池材料及系统。特别是在镁电池和镁储氢领域，中国镁资源极为丰富，占全球的 70% 以上，可以开发应用千年以上，对解决锂电池资源短缺和氢气的常温常压储运问题极有战略意义。

材料发展是储能产业发展的基础。全球新一代储能材料与装备的研发已成为热点，产业刚刚起步，潜力巨大。如果能抓住机会，新一代储能材料与装备产业发展不仅能为中国"双碳"目标的实现解决瓶颈技术难题，而且可以创造一个新型巨大产业，对"双碳"目标的实现和中国经济创新发展有重大战略意义。但目前中国新一代储能材料和装备的研究和产业化还亟待推进，新型储能的含义不够科学。国家发展改革委等部门印发《关于加快推动新型储能发展的指导意见》和《"十四五"新型储能发展实施方案》，体现了国家层面的高度重视，但其中内容有不少是传统储能技术或传统储能技术的延伸，涉及的新一代储能技术尚缺乏前瞻性。对新一代储能材料涉及更少，极有潜力并具有资源优势的镁电池更未涉及。

（1）理清思路，科学确定新型储能技术和产业领域，科学确定战略发展重点

中央部门和地方政府密集出台相关政策和文件支持新型储能产业的发展，体现了战略眼光，但目前很多文件和政策中有不少内容并没有真正厘清什么是新型储能技术、新型储能产业以及新型储能产业的发展重点，有不少内容把传统储能产业的改进当作新型储能产业。就像当初把电动汽车说成新能源汽车一样，用火电的电动汽车并不是新能源汽车。政策导向的不科学必然会误导产业发展。现有规划和文件在某些方面极可能重蹈覆辙，走新能源汽车当初发展的老路，出台的政策和计划实现的目标会很不对应。建议中央有关部门加大战略研究力度，科学确定新型储能技术和产业领域，科学确定战略发展重点。只有做到科学分类，才能合理确定政策支持范围。

（2）加大对颠覆性、前沿性新一代储能材料与装备技术的开发投入，高度重视具有战略意义的镁储能材料的开发应用

没有新一代储能材料的发展就不可能有新一代储能技术，要把新型储能材料的发展作为重中之重。在新一代前沿性储能材料领域，中国在国际上有显著的技术基础和优势。重庆大学国家镁合金工程技术

研究中心建有世界上最大的镁电池研究团队和镁固态储氢团队，开发的多种镁离子电池和镁储氢材料的主要指标均处于国际前沿。上海交通大学等单位在钠电池的发展方面成绩显著，多款钠电池的技术指标处于世界领先水平，镁固态储氢工程化也正在积极推进。北京有色金属研究总院等在稀土固态储氢方面已开始规模产业应用。广东省科学院、重庆大学、中国汽车工程研究院等在新一代储能装备与检测技术等方面也已有一定的工作基础。中国有能力整合全国和全球的力量开展工作，但目前国家在真正的新一代储能材料与装备上支持力度并不大。建议有关部门在强化对抽水蓄能等传统储能技术改进和推广的同时，加大整合力度，发挥制度优势，突出中国以镁为代表的战略资源优势，加强对颠覆性前沿性新一代储能材料与装备技术的开发投入。

（3）尽快规划建立全国新型储能材料与装备研究院，启动建设"新型储能材料与装备"国家实验室

研发平台是人才聚集和产业技术开发的基础，没有先进完整的研究平台，新一代储能材料与装备产业的发展就不可能有大的突破。目前全球新一代储能材料与装备的研究尽管已成为热点，但研究平台呈现小而散的特点，目前是建设世界级高水平平台的重大机会。中国有制度优势，可以充分发挥集中力量办大事的大兵团科研攻关能力，完全可能实现 3~5 年内在新一代储能材料与装备领域建成世界级研究平台，聚集一批世界级人才开展工作，开发一批国家急需的新能源储运材料与装备技术。重庆市在新一代储能材料与装备领域建有一个国家工程技术研究中心和 4 个相关的国家实验室，有好的技术优势和工作基础，建议整合重庆等有关省份的基础，高层策划，全方位布局，尽快启动筹建国家实验室。

（4）加快发展新一代储能材料与装备专业技术服务机构

专业技术服务机构可以为新一代储能材料与装备的开发提供基础保障，有利于加快新一代储能材料与装备的开发应用。建议加快推进建设新一代储能材料与装备专业技术服务机构，鼓励第三方研发、试验、检测检验机构做大做强，加快建设国家氢能动力质量监督检验中心，规划建立一流的碳排放检测平台；实施标准化发展战略，建立完善的标准化工作机制，强化标准实施与监督；构建面向全行业的研发、试验、认证、检测、计量等公共服务体系。

五、孙金华院士：守住电化学储能安全底线，保障行业健康发展

"双碳"目标是目前最重要的话题，实现"双碳"目标靠传统的能源结构是不行的，必须进行新能源革命。人类历史上基本上形成了两次能源革命，第一次能源革命是从柴火向煤炭的转变，带动了工业的发展。第二次能源革命是从煤炭向油气的转变，推动了工业的发展，内燃机、汽车、火车得以出现。目前正在进行的第三次能源革命是从油气向新能源转变，未来会实现电机化、电动化。

在这样的形势下未来的能源将会以绿色能源为主体，其中包括光伏、水电等。发电将以大规模发电和分布式发电并举。例如，新疆戈壁滩就拥有大规模的光电、风电，在沿海地区农村每个屋顶都装有光伏，沿海的地区进行风力发电。储能将以电池轻储能作为新的能源载体，其中还包括常规能源储能水电等。

未来，我国的风能、太阳能等新型能源发电将会超过煤电，成为第一大能源。但是，由于新能源（风能、太阳能）最大的问题是随机性和波动性较大，无法保证长时或稳定的电力供给，所以必须发展储能。

储能目前以抽水蓄能为主，辅以电化学储能和机械储能等。未来根据用能场所以及用能的需求，电化学储能、氢储能和抽水蓄能将呈并举的局面。由于电化学储能具有响应快、建设周期短、转化效率高等优势，这几年电化学储能得到了迅猛的发展，2022年一年新的装机规模已超过2021年之前所有的装机规模之和。未来的电化学储能还会维持爆发式增长的态势，到2025年预计会形成万亿元产业，到2030年将形成3万亿元产业。

随着全球的电化学储能的大力发展，也出现了一系列的问题，最大的问题是安全。韩国的储能技术在世界上应该是领先的，在国际上也有绝对的话语权。但是2017年8月—2019年5月韩国1000余座储能电站共发生了23起火灾，每座储能电站每年发生荷载的概率是1.5%，这一概率非常大，是绝对不允许的。

2022年全球大概有7000余座储能电站，公开报道的火灾事故是17起。在国内，在发电侧、电网侧、用户侧、光储充一体设施都发生过储能电站的火灾，特别是2021年北京大红门储能电站火灾事故便是一起非常严重的电站火灾。截至2022年底，我国建成的储能电站达到772座，处在运行中的有472座。公开报道的火灾是3起，每年发生火灾的概率大概是4%~6%。2023年事实上又发生了一些火灾事故，安全已经成为电化学行业发展的痛点和瓶颈问题。

目前，储能行业面临的主要问题主要有以下五个。

第一，储能行业的标准规范滞后于产业的发展，缺乏规范作为纲领性的指导，使得安全事故常有发生。

第二，虽然现在电池的安全性已有极大的提升，单体的失效概率达到10^{-7}级，甚至是10^{-8}级，几十万个储能单体电池的累计概率仍相对较高。

第三，储能电站使用过程中如果电池存在故障隐患，难以及时进行预测预警，难以把事故发现在萌芽阶段。

第四，储能电站高效灭火抗复燃技术尚不成熟，现在灭火技术已得到快速发展，还有很大的技术空间可以提升。

第五，协同一体化安防技术与智能网联管理技术缺乏。

围绕上述五个问题，储能行业的技术挑战是什么？

第一，是否可以从储能电池材料、电池体系安全设计及生产工艺进一步提升电池本质安全，将单体的失效概率降低到10^{-9}级，甚至是10^{-10}级。是否可以更加深入地研究高安全性的新型储能电池，例如钠离子电池、液流电池等。从研究角度来讲目前钠离子电池的安全性还是不够，其安全性介于磷酸铁锂电池和三元电池之间，最后是液流电池是否能在保证安全的条件下提升能量密度。

第二，对于电池的极早期故障诊断技术，如何实现产业化与工程化。关于现在电池故障的极早期技术在实验室阶段已经有很多了，例如超声检测、电池热时空早期光纤原位监测技术和串并联电池组虚接及电池内部微短路故障诊断技术等。这些技术在实验室阶段是没问题的，但是在大规模产业化上还存在着比较大的挑战。

第三，如何发展集热管理、故障诊断、检测预警和灭火协同一体化的技术。在储能技术中很多硬件产品、传感器可以共用，很多技术参数可以共享。但是，现在储能电站的技术并没有形成一体化的技术体系。如果能形成一体化的技术体系就能形成高效地热管理、智能精准预测及智能高效灭火。

第四，关于基于互联网与云数据的储能系统智能安全管理技术平台，这样的平台中要有非常多的基础数据，要有研发的预测模型，同时要能把储能电站的实时数据通过互联网系统传送到平台上。平台根据模型与数据进行智能分析来研判储能电站是否健康、是否有故障。如果储能电站是健康的就正常运行，如果有故障就要进行极早期的故障隐患处置，如果有火灾风险就要快速报警，从而实现远程监控、智能预测、分级预警和高效处置。

第五，发展站房式储能电站安全防控技术。目前在建的锂离子型化学储能电站大多是集装箱分布式储能电站，这对于西北或者是新疆等空旷的地方来说没有问题。但是，沿海等缺乏丰富土地资源的地区，必须建设站房式储能电站。需要注意的是，站房式储能电站能量密度巨大，危险性也巨大，火灾风险非常高。一系列的问题使得分布式储能电站的技术不可能移植到站房式储能电站使用，必须研发站房式储能电站安全防控的技术系统。

六、蒋利军教授：电氢融合助力新型电力系统发展

据测算，我国 2022 年二氧化碳总排放量约 100 亿吨，主要来源于工业、发电、建筑和交通四大领域。其中，与能源活动相关的碳排放占总排放量的 80%。要实现低碳发展，必须加快构建以新能源为主体的新型电力系统，必须发展大规模储能和储氢技术，电氢融合技术就是其中的解决方案之一。

（一）发展电氢融合的优势

氢能是能源互联网的重要纽带，通过氢这一载体将原本分离的终端用能网络——电网、热力网和燃料网联成一体。通过电氢融合，能够解决当前单纯依靠电能难以解决的脱碳难题：氢能可应用于电能难以应用的脱碳场景；氢及其衍生物可低成本长距离高效传输；氢网易于实现供需平衡；氢能适于跨季度大规模储存。

（二）氢与电能的关系

由于绿氢主要来自绿电，电氢转化，能效将有所降低。因此，从能效的角度出发，需要遵循"宜电先电、电氢融合、减少转化、经济安全"的原则，通过氢电互补支撑长周期稳定供能，解决电能难以解决的降碳问题。

在处理好电氢关系基础上，必须进一步解决好氢能自身的问题，如成本、安全和提效等问题。通过低成本的可再生能源高效地制取低成本的可再生氢，再把可再生氢低成本地运到那些难以电气化脱碳的应用场景当中，最终实现脱碳应用。

从脱碳的角度考虑，氢能特别适于氢冶金、化工原料和船舶运输，还适于提供建材的高品质热源、长途重型运输、航空运输和电力系统的灵活性服务。而电能除供电外，最适合于路面交通和建筑供能等。

（三）我国绿氢综合应用面临的挑战

总体而言，我国绿氢综合应用还处于起步阶段。从技术角度看，多数项目仅为短时示范，关键装备、元器件和系统集成技术缺乏长期考核；从技术经济分析的角度看，相关项目运行时间短，数据积累少，技术经济性分析还缺乏实际数据支撑。

当前，绿氢综合应用面临的挑战主要有以下三方面：高成本和低效率，高安全风险，核心技术和装备仍有诸多"卡脖子"环节。

对于绿氢成本的影响，电价是最显著的，其次是装置的电耗，然后是电解槽的年运行时间，从我国氢能产业联盟研究的电解水制氢成本预测曲线来看，制氢成本趋于平稳的拐点大约在 1500 小时。这与我国光伏发电年利用小时数基本相当，这就意味着如果光伏发电直接制氢，中间可以省去一些不必要的直流交流电互换、高低压调压和过网费等过程，将在提高综合能效和降低制氢成本方面获得很大收益。

规模应用也是降低绿氢成本的重要途径。以制氢为例，电解水制氢装备的制氢规模越大，其综合成本越低。我国近年在规模制氢示范项目中，大多使用了单槽 1000 立方米 / 小时的制氢设备，而且近期也已开发出了 2000 立方米 / 小时的制氢设备，3000 立方米 / 小时的制氢设备也在开发当中；有些企业还采用了多对一的技术方案，即多台电解槽对应 1 套后处理设备和 1 套纯化设备。通过这些规模应用措施的实施，有效降低了制氢装备制造和建设成本。

制氢仅是氢能供应链中的第一环，其成本占整个氢能供应链的 35%～40%，氢能的配送和加氢成本占比更高，可达终端用户成本的 60%。其中，配送约占成本的 15%～20%，另外加氢站的成本占氢源成本的 42%～49%。为了解决这一问题，我们提出了构建绿氢低压供氢链的设想，开展了"4 乘 4"工程，即以 4 度电制 1 立方米氢，制取的 4MPa 绿氢，直接通入 4MPa 纯氢输氢管道，送至低压加氢站中，无需加压，直接充入燃料电池汽车车载储氢系统中，实现 4.0% 重量储氢率的储氢。这一供氢链将具有低成本、高安全的特性。

（四）固态储氢的技术突破

采用固态储氢是降低用氢成本、提高用氢安全性的最佳方式之一。其一，它具有最大的体积储氢密度，氢原子进入了晶体的间隙，体积储氢密度高于液氢；其二，提高了储氢的安全性，储氢材料可在低压吸放氢平台下大量吸放氢，低压下易于密封，即使泄漏，储罐也可自控式地降低氢气泄漏速度，为采取安全措施赢得宝贵时间；其三，可降低用氢成本，因为低压加氢将高压加氢站中的高压压缩机和高压储罐省掉了，降低了加氢站的建设和运行成本。

为了加快固态储氢在我国的应用，我们重点突破了三项关键技术，即高储氢容量材料开发及其工程化制备技术、基于储氢热 / 动力学特性的传热传质模拟仿真技术、储氢装置安全评价和测试技术。为保证使用安全，我们对储氢材料进行了特殊处理，经特殊成型后形成的储氢元件，在空气中不自燃，遇水不分解且点火不燃烧，经应急管理部化学品等级中心鉴定不属于危险货物。

采用这样的安全储氢元件，面向不同应用，开发了一系列储氢装置，有面向便携式的、固定式的、加氢站用的和车载应用的，目前已陆续在一些分布式供能项目、大规模的氢储能项目、加氢站项目及商用车、助力车和游艇中得到应用。其中，长周期分布式储能已经具备成本的竞争力。

除技术成熟度外，储运成本也是影响氢能产业发展的重要因素，技术创新和规模效益的提高对于降低成本至关重要。地下储氢成本较低，适合大规模工业应用和大规模储能应用。车载储氢瓶、低温液氢、固态储氢等技术目前成本仍偏高，但通过不断技术创新、逐步扩大工业化生产规模，储运成本将逐渐下降。

七、陈海生研究员：储能行业高速发展，但需向高质量发展转变

（一）规模和技术发展迅猛

2023 年，新型储能继续保持了蓬勃的发展势头，亮点主要体现在三个方面。

第一，储能装机保持快速增长。截至 2023 年底，中国已投运储能装机规模 86.5GW，同比增长 45%。其中，新型储能装机规模创新高，全年新增装机近 21.5GW，约为上年的 3 倍。

第二，储能技术发展迅猛。22MW 飞轮储能火储调频项目、45MW

用户侧铅炭电池、300MW 级电网侧先进压缩空气储能、5MW 级超级电容＋锂电混合储能等示范项目快速发展，多类新型液流电池以及百兆瓦级钠电项目被纳入省级示范项目清单。

第三，储能应用模式不断丰富。独立储能的大规模发展，使储能参与电力市场经验不断丰富，山东、湖南等省份独立储能的实际运行能够接近每天一充一放。实际应用情况已经证明，储能能够参与电力市场，为新型电力系统做出调峰、调频等贡献。

这主要受益于四个方面：一是我国新能源的快速发展，以及构建新型电力系统对储能提出的重大需求；二是国家对储能的政策支持，包括国家科技计划、国家示范项目和新能源配储政策等；三是储能技术本身发展带来的技术性能提升与成本持续下降；四是电力现货市场进入实质运营，大量细分应用场景对于新型储能的多元化需求，储能商业模式和价格机制逐步形成。

不同应用场景对于储能技术的需求不同，随着新型储能需求的不断增长，锂电池储能、压缩空气储能、液流电池储能等多种技术百花齐放。目前，锂电池更多应用在中短时长储能领域。在长时储能领域，像压缩空气储能、液流电池储能等技术则具有比较优势。飞轮储能、超级电容等更适合短时高频应用领域。

关于未来技术的发展趋势，有以下几点值得关注。

第一，长时规模储能技术值得重点关注。随着新能源装机规模不断扩大，其发电的间歇性、不稳定性对电网影响将越来越大，新能源调峰问题将变得愈加突出，而长时储能可凭借其长周期、大容量的特性，在更长时间维度上调节新能源发电波动，减少电网拥堵现象，提高清洁能源消纳能力。可重点关注压缩空气储能、液流电池储能、热储能等长时规模储能技术。

第二，短时高频储能技术也应该重点关注。新能源渗透率的不断提高，造成电网波动性增强。为应对新能源的快速接入，保证整个电力系统的平衡，电力系统瞬时调节需求增加。具有快速调节能力的新型储能技术是电力系统保证功率平衡和系统稳定的重要调节手段，所以像飞轮、超级电容等短时高频技术也将受到重点关注。

第三，随着新能源装机占比持续提高，电力系统对新型储能的多元化需求会持续发展，长短时储能相互补充的发展形态将逐步形成。同时，数据中心、光储充、冷热电联供、V2G（电动汽车与电网互动）等用户侧应用场景，也会形成差异化的需求。混合储能技术对满足不同应用场景、不同运行工况下的差异化需求，实现综合效益最大化具有重要意义。随着电力市场逐渐完善，混合储能在技术性和经济性上的综合价值有望逐步形成。

（二）需摆脱低层次"内卷"，向高质量发展转变

近年来，储能行业新老"玩家"加速涌入。面对激烈的竞争，企业首先要实现价格竞争和产品质量之间的平衡。以锂离子电池储能为例，系统价格 2023 年初为 1.5 元 / 瓦时左右，至 12 月储能系统中标均价已跌至 0.79 元 / 瓦时，一些集采中标价更是低于 0.6 元 / 瓦时。面对激烈的竞争，有的企业只好选择低价策略，而为获取利润，有可能会在材料、工艺等环节降低成本，因而可能影响产品质量，这样会给后续的电站运行维护带来安全隐患。此外，企业要实现储能技术的差异化竞争。不同的储能技术适合的应用场景不同，要找准差异化的市场定位，如高功率类储能和长时储能的市场定位就是不同的。同时，储能企业在储能电站智慧运营、构网型储能、智能决策系统等方面发力，可以降低储能电站运维成本，同时提升电站运行安全性和效益。

资本可以为储能企业提供充足的资金，助力打造先进的管理模式，

推动储能技术及商业化的进步。但资本有时也会对创新型储能企业提出快速发展的要求，希望把前沿技术尽快推向市场。但储能企业发展需要一个合理的过程和时间，一旦储能企业业绩和资本预期有差距，有可能会给储能企业带来负面影响，甚至影响市场对于储能行业前景的判断。资本和企业应该相互协调。资本应对技术进展给予理性判断，保持一定的战略定力；企业应在不断夯实技术基础的前提下，充分发挥资本的助推作用，从而最终实现资本和企业的"双赢"。

然而，现阶段储能行业面临一定的阶段性过剩风险，价格持续下行，企业"内卷"加剧。我国储能行业发展迅速，已投运储能装机规模和新增新型储能规模预计将继续保持全球第一，产业竞争加剧。由于储能需求的快速发展，资源向储能行业集聚。虽然可有效促进储能行业发展，带来投资扩张、产能增加、价格下降，但行业竞争进一步加剧，企业压力加大。

一个新兴行业发展早期，由于发展快速引起资源集聚，这是正常现象。建议储能企业，一要保持战略定力，从长远、全局角度看待行业发展，根据市场实际需求和自身承受能力合理扩大产能。二要练好内功，加强科技创新和管理能力，提升储能产品性能和企业效益，夯实发展基础。三要积极争取差异化竞争，找准自己的差异化的市场定位，同时做好新技术应用，积极开发海外市场，从而摆脱低层次"内卷"，实现从高速发展向高质量发展转变。

（三）加快推进全面商业化进程

2023 年以来，储能系统成本已大幅降低。但大部分新型储能项目未能实现全面商业化，主要有两个方面的原因。一是储能系统本身价格还有待进一步降低。为实现新型储能的全面商业化发展，需要进一步降低储能成本，如通过储能系统技术进步和规模化发展，降低模组投资成本，同时提高储能循环寿命，降低储能全生命周期度电成本。二是储能的市场机制和价格机制仍需完善。完善现货市场、辅助服务市场、容量市场等电力市场机制，推动市场发现"真实"的电力、电量供需价格，为储能灵活性资源提供公平的交易环境，有利于加快新型储能商业化进程。

展望未来，预计中国储能将在攻坚克难中继续快速前行。一是储能装机将继续快速增长，预计2024年全年新增装机40GW以上。二是储能技术将继续取得突破，包括变速抽水蓄能、固态锂电池、压缩空气储能、液流电池、钠电池等，长时规模储能和构网型储能技术将备受关注。三是储能政策和市场规则不断完善，行业管理逐步规范，商业模式更加成熟，储能经济性将有望提升，中国储能将实现从商业化初期向规模化发展的实质性转变。在完善储能市场机制方面提出几点建议。

结合新型电力系统建设需求和不同应用场景，综合考虑各类储能技术特点、功能作用和服务价值，以"按效果付费"为基本原则，"同工同酬"地制定合理的成本疏导机制，形成可持续的商业模式，为促进储能行业发展创造良好的政策环境和市场环境。

在电源侧，一是加快推进电力现货市场建设，合理反映高比例可再生能源场景下的电力供需关系及系统成本，通过市场价格合理疏导储能成本。二是合理实施新能源配储能，科学评估电力平衡中灵活性资源情况，以及各时间尺度下的调节需求，合理安排新能源配储能的规模。三是鼓励新能源场站与共享储能联合运行，进一步完善新能源配储能的商业模式。

在电网侧，一是结合新型电力系统建设，借鉴抽水蓄能和火电调峰容量电价，尽快出台新型储能容量电价机制，建立合理的成本疏导机制。二是针对电网侧独立储能，建议以"先市场，后计划"为原则，鼓励社会资本参与投资建设。三是建议各地结合实际情况，研究制定容量租赁市场运营规则或指导方案，建设区域容量租赁平台。

在用户侧，一是根据用电负荷特性，适时调整分时电价政策，适应真实的负荷需求。二是进一步向用户侧储能系统开放市场，鼓励用户侧储能参与辅助服务、需求响应、虚拟电厂等，拓展收益渠道。

参 考 文 献

［1］林楚.2025年我国将成为全球最大的新型储能市场［N］.机电商报，2023-07-24（A6）.

［2］杨琳，高宏.国外新型储能产业政策发展动态及对我国的启示［J］.中国工业和信息化，2022，（8）：18-22.

［3］罗晔.韩国电化学储能系统研发进展［J］.分布式能源，2020，5（3）：29-33.

［4］许诘翊，刘威，刘树，等.电力系统变流器构网控制技术的现状与发展趋势［J］.电网技术，2022，46（9）：3586-3595.

［5］康克佳.强劲发展新储能逐绿竞跑向未来［N］.中国城市报，2024-01-29（A7）.

［6］周建平，李世东，高洁.新型电力系统中"水储能"定位与发展前景［J］.能源，2022，（4）：60-65.

［7］李建林，梁策，张则栋，等.新型电力系统下储能政策及商业模式分析［J］.高压电器，2023，59（7）：104-116.

［8］叶春，刘志强，李云凝，等.新能源配储能的现状、挑战及发展建议［J］.中国电力企业管理，2022（34）：47-51.

［9］郭锦辉."储能＋可再生能源发电"助力减少碳排放［N］.中国经济时报，2021-08-16（2）.

［10］李建林，姜冶蓉，方知进."双碳"战略下储能利好政策解

析［J］.电气时代，2021（9）：8-10.

［11］封红丽.新型电力系统建设下电力多元化服务发展机遇分析［J］.能源，2022（9）：36-40.

［12］郭宇.新型储能意见发布装机规模将大幅提升［N］.中国工业报，2021-08-19（2）.

［13］王佳琪.全国可再生能源新增装机同比增长34%［N］.中国信息化周报，2024-05-20（5）.

［14］林楚.2025年我国抽水蓄能电站装机容量将达6200万千瓦［N］.机电商报，2023-05-22（A7）.

［15］储能的"春天"已经到来［J］.电力勘测设计，2021（8）：56.

［16］政经［J］.中国有色金属，2024（3）：24.

［17］向开端，王辉，彭婷婷，等.含混合储能的风光储系统容量优化配置［J］.科学技术与工程，2023（31）.

［18］余璇.抽水蓄能发展应加强需求论证与项目纳规［N］.中国电力报，2023-08-08（4）.

［19］林伯强，谢永靖.中国能源低碳转型与储能产业的发展［J］.广东社会科学，2023（5）：17-26+286.

［20］王蕾.科学发展储能，助力实现"双碳"目标［J］.中国发展观察，2021（17）：54-57+44.

［21］徐向梅.推动新型储能绿色低碳转型发展［N］.经济日报，2022-11-28（11）.

［22］苏伟.电化学储能电站迎来爆发式增长［N］.中国电力报，2023-04-19（3）.

［23］刘永东.电化学储能加速崛起机遇与挑战并存［J］.中国电

力企业管理，2023（31）：70-72.

［24］叶伟.储能产业驶入发展快车道［N］.中国高新技术产业导报，2023-04-17（12）.

［25］张莹.广东新型储能布局7个重点［N］.深圳商报，2024-01-09（A4）.

［26］佘映薇.珠海剑指新型储能产业［N］.珠海特区报，2023-11-09（2）.

［27］刘秋华，杨圣城，刘鑫.分布式储能商业模式分析与展望［J］.电力需求侧管理，2023，25（1）：67-73.

［28］张婧竹，张海阳.现有及潜在新型储能商业模式综述［J］.能源与节能，2023（6）：28-34.

［29］刘金凯."EPC+融资租赁"模式在新能源电站建设中的应用［J］.能源，2022（9）：71-74.

［30］张华民，张宇，李先锋，等.全钒液流电池储能技术的研发及产业化［J］.高科技与产业化，2018（4）：59-63.

［31］潘复生.加快推进新型储能材料与装备发展迫在眉睫［J］.科技导报，2023，41（22）：1-2.

［32］邓卓昆.中国工程院院士刘吉臻：储能发展须从工程示范中发现问题、解决问题［J］.中国电力企业管理，2023（28）：8-10.

［33］庄冠蓉.三院士支招新一代储能材料政策［N］.中国经济时报，2022-03-11（2）.

［34］曹雅丽.加快推进新型储能材料与装备产业发展［N］.中国工业报，2022-03-15（2）.

［35］朱妍.中国科学院院士赵天寿：长时储能技术缺口依然较大［N］.中国能源报，2023-09-18（13）.

［36］李玲.中国工程院院士刘吉臻：要找准储能在新型电力系统中的定位［N］.中国能源报，2023–09–25（18）.

［37］仲蕊.绿氢规模化应用仍需爬坡过坎［N］.中国能源报，2022–12–19（4）.

［38］川江.色香诱人万亿氢能市场"蛋糕"将出炉［J］.中国商界，2021（9）：16–19.

［39］孟培嘉，罗京.鼓励发展多种技术路线 储能行业再迎政策利好［N］.中国证券报，2023–01–10（A7）.

［40］杨俊峰.未来能源："清"装上阵 有"备"而来［N］.人民日报海外版，2024–04–23（5）.

［41］周志霞.储能将从商业化初期转向规模化发展期［J］.中国石油石化，2022（11）：13.

［42］余娜.新型电力系统成储能核心推动力［N］.中国工业报，2023–09–25（6）.

［43］张英英，吴可仲.储能行业需练好"内功"向高质量发展转变［N］.中国经营报，2024–01–29（B15）.

［44］时下.国家能源局：2030年实现新型储能全面市场化发展［N］.机电商报，2021–08–09（A8）.

［45］林楚.2030年我国新型储能实现全面市场化发展［N］.机电商报，2022–03–07（A3）.

［46］刘安琪，邵启明.国内单体功率最大！南钢巨型"充电宝"竣工并网［N］.南京日报，2024–02–04（A6）.

［47］康曦.抽水蓄能产业将迎发展黄金期［N］.中国证券报，2022–10–13（A6）.

［48］郑冬冬，戴彦德.重力储能技术与我国发展新型储能的若干

思考［J］.经济导刊，2023（7）：75-81.

［49］李娜.西北地区沙戈荒场景下光储项目的经济性策略［C］//
上海市太阳能学会.第十九届中国太阳级硅及光伏发电研讨会（19th
CSPV）论文集，2023.

［50］钟国彬，王羽平，王超，等.大容量锂离子电池储能系统
的热管理技术现状分析［J］.储能科学与技术，2018，7（2）：203-
210.

［51］于祥明，王文嫣.国家发展改革委加快新型能源体系建设 推
动需求侧资源进入电力市场［N］.上海证券报，2023-05-20.

［52］周大伟.国家能源局将推动储能全产业链发展［N］.中国有
色金属报，2023-03-02（4）.

［53］卢奇秀.成本难疏导困住新能源配储［N］.中国能源报，
2021-02-22（10）.

［54］张华民，王晓丽.全钒液流电池储能进展与应用［J］.高科
技与产业化，2016（4）：63-67.

［55］叶伟.潘复生：科学确定新型储能技术与产业战略发展重点
［N］.中国高新技术产业导报，2022-03-14（5）.

［56］衣宝廉.迎接电解水制氢储能高潮［N］.中国石化报，
2020-07-27（3）.

［57］衣宝廉.解决氢能长距离输送难题［N］.人民政协报，
2020-08-04.

［58］朱燕.宁夏公布"十四五"新型储能发展路线图［N］.中国
能源报，2023-02-27（13）.

［59］曹恩惠.万亿储能市场迎"顶层设计"新技术、商用化等瓶
颈待突破［N］.21世纪经济报道，2022-03-23（2）.

［60］梁文艳.获政策力挺　储能技术将改变未来能源市场格局［N］.中国产经新闻，2017-09-26（8）.

［61］邱丽静.欧盟加大清洁领域投资应对能源危机［N］.中国电力报，2023-09-14（4）.

［62］鲁跃峰，郭祚刚，谷裕，等.国内外新型储能相关政策及商业模式分析［J］.储能科学与技术，2023，12（9）：3019-3032.

［63］刘园园.我国新型储能投运装机超3000万千瓦［N］.科技日报，2024-01-26（1）.

［64］苏南.抽蓄电站核准规模屡创新高［N］.中国能源报，2023-12-25（5）.

［65］李丽旻.国家能源局：新型储能成为经济发展"新动能"［N］.中国能源报，2024-01-29（2）.

［66］孙世芳.提升产业标准化水平［N］.经济日报，2022-04-06（11）.

［67］胡娟，许守平，杨水丽，等.电力储能标准体系深化研究［J］.供用电，2023，37（3）：27-33.

［68］朱碧琳.青海大力推动新型储能设施建设［N］.中国电力报，2023-11-03（3）.

［69］张丽莉，张嘉承.我市构建现代钒钛产业体系推进钒钛材料强市建设［N］.承德日报，2023-12-06（1）.

［70］武利会，岳芬，宋安琪，等.分布式储能的商业模式对比分析［J］.储能科学与技术，2019，8（5）：960-966.

［71］赵钧儒，曹安国，李禹鹏，等.低碳转型下的煤新协调发展愿景与建议［J］.中国电力企业管理，2023（1）：23-27.

［72］岳雨.沈阳微控：向中国独角兽企业迈进［N］.沈阳日报，

2023-07-10（1）.

［73］吴月辉.新型储能进入大规模发展期［N］.人民日报，2024-03-18（19）.

［74］程洪瑾，冯睿哲.优化能源结构 构建新型能源体系——访中国工程院院士杜祥琬［N］.国家电网报，2024-06-19.

附录

一、储能产业链企业图谱信息

表 F-1　机械储能产业细分领域重点企业清单

环节	细分领域	企业名称
抽水蓄能	上游设备商	浙富控股、通裕重工、杭锅股份、大元泵业、东音股份、凌霄泵业、国投电力、华能水电、北方华创、赢合科技
	中游设计、建设企业	中国电建、中国能建、国投电力、湖北能源、永福股份、桂冠电力、安徽建工、吉电股份等
	中游电站运营	国家电网、南方电网
飞轮储能	技术研发	北京飞轮储能（柔性）研究所、核工业理化工程研究院、中科院电工研究所、清华大学、华北电力大学、北京航空航天大学
	设备企业	华阳股份、国机重装、广大特材、交科能源、湘电动力、河北建投、国合节能

资料来源：作者根据相关资料整理

表 F-2　锂离子电池储能产业细分领域重点企业清单

环节	细分领域		企业名称
上游：材料及设备	电池材料	正极材料	烟台卓越新能源科技股份有限公司
			贵州安达科技能源股份有限公司
			东圣先行科技产业有限公司
		负极材料	宁波杉杉股份有限公司
			湖南中科电气股份有限公司
			云南恩捷新材料股份有限公司
		电解液	广州天赐高新材料股份有限公司
			珠海市赛纬电子材料股份有限公司
			广东金光高科股份有限公司

续表

环节	细分领域		企业名称
上游：材料及设备	电池材料	隔膜	深圳市星源材质科技股份有限公司
			中材科技股份有限公司
			深圳中兴新材技术股份有限公司
	电池生产设备		无锡先导智能装备股份有限公司
			浙江杭可科技股份有限公司
			北方华创科技集团股份有限公司
中游：储能系统集成	储能电池系统	电池组	宁德时代新能源科技股份有限公司
			比亚迪股份有限公司
			江苏海基新能源股份有限公司
			合肥国轩高科动力能源有限公司
		电池管理系统	杭州科工电子科技股份有限公司
			杭州高特电子设备股份有限公司
			杭州协能科技股份有限公司
			北京明德源能科技有限公司
	储能变流器		阳光电源、科陆电子、科华恒盛、南瑞继保
	能量管理系统		派能科技、国电南瑞、中天科技、平高电气
	储能系统集成		海基新能源、阳光能源、库博能源、猛狮科技、南都电源、电气国轩
下游：系统应用			国家能源投资集团有限责任公司
			国投电力控股股份有限公司
			中国华能集团有限公司
			晶科电力有限公司
			北京能源集团有限责任公司

资料来源：作者根据相关资料整理

表 F-3　钠离子电池产业细分领域重点企业清单

环节	细分领域	企业名称
上游原材料	钒矿	攀钢钒钛、河钢股份、建龙集团、华阳股份等
	铝箔	鼎盛新材、万顺新材、南山铝业、云铝股份等
	氰化钠	安庆曙光、河北诚信、重庆紫光等
	二氧化锰	湘潭电化、红星发展等
	电池级碳酸酯	石大胜华、海科新源、奥克股份等
	电解液	天赐材料、多氟多、江苏国泰、永太科技、新宙邦
	正极材料	容百科技、中科海纳、当升科技、厦钨新能、振华新材、格林美、广东邦普、钠创新能源
	负极材料	贝特瑞、杉杉股份、璞泰来、翔丰华
	隔膜	恩捷股份、星源材质、中材科技
下游电池生产		宁德时代、鹏辉能源、欣旺达、中科海钠、圣阳股份、中国长城、众创能源、星空钠电

资料来源：作者根据相关资料整理

二、储能产业研发平台清单

表 F-4　储能产业研发平台清单

管理序列	平台名称	依托（建设）单位
国家发展改革委批复	先进储能材料国家工程研究中心	国家纳米科学中心、科力远、中南大学
产业联盟	中关村储能产业技术联盟	—
中科院体系实验室	中国科学院工程热物理研究所储能研发中心	—
	中国科学院大连化学物理研究所储能技术研究部	—
	中国科学院广州能源所储能技术实验室	—
国家级工程中心	储能技术工程研究中心	国网、国电投、北方工业大学

续表

管理序列	平台名称	依托（建设）单位
企业国家重点实验室	新能源与储能运行控制国家重点实验室	中国电力科学研究院
教育部批复	教育部电化学储能材料与技术工程研究中心	华南师范大学化学与环境学院
企业实验室	电池储能技术共享实验室	国家能源集团、电科院
省级实验室	广东省先进储能材料重点实验室	华南理工大学
北京市教委批准	新型储能技术北京实验室	华北电力大学（牵头）
国家发展改革委、教育部批复	国家储能技术产教融合创新平台	西安交通大学
省级工程中心	湖南省新能源储能工程技术研究中心	湖南省科学技术厅
	河北省先进储能技术与装备工程研究中心	河北工业大学
	广东省动力与储能电池材料工程技术研究中心	广东省科学技术厅

资料来源：作者根据相关资料整理

三、储能相关主要政策文件

国家发展改革委　国家能源局关于加快推动新型储能发展的指导意见[①]

发改能源规〔2021〕1051 号

各省、自治区、直辖市、新疆生产建设兵团发展改革委、能源局，国家能源局各派出机构：

实现碳达峰碳中和，努力构建清洁低碳、安全高效能源体系，是

[①] 资料来源：于中华人民共和国中央人民政府官网。

党中央、国务院作出的重大决策部署。抽水蓄能和新型储能是支撑新型电力系统的重要技术和基础装备，对推动能源绿色转型、应对极端事件、保障能源安全、促进能源高质量发展、支撑应对气候变化目标实现具有重要意义。为推动新型储能快速发展，现提出如下意见。

一、总体要求

（一）指导思想

以习近平新时代中国特色社会主义思想为指导，全面贯彻党的十九大和十九届二中、三中、四中、五中全会精神，落实"四个革命、一个合作"能源安全新战略，以实现碳达峰碳中和为目标，将发展新型储能作为提升能源电力系统调节能力、综合效率和安全保障能力，支撑新型电力系统建设的重要举措，以政策环境为有力保障，以市场机制为根本依托，以技术革新为内生动力，加快构建多轮驱动良好局面，推动储能高质量发展。

（二）基本原则

统筹规划、多元发展。 加强顶层设计，统筹储能发展各项工作，强化规划科学引领作用。鼓励结合源、网、荷不同需求探索储能多元化发展模式。

创新引领、规模带动。 以"揭榜挂帅"方式加强关键技术装备研发，推动储能技术进步和成本下降。建设产教融合等技术创新平台，加快成果转化，有效促进规模化应用，壮大产业体系。

政策驱动、市场主导。 加快完善政策机制，加大政策支持力度，鼓励储能投资建设。明确储能市场主体地位，发挥市场引导作用。

规范管理、保障安全。 完善优化储能项目管理程序，健全技术标准和检测认证体系，提升行业建设运行水平。推动建立安全技术标准及管理体系，强化消防安全管理，严守安全底线。

（三）主要目标

到 2025 年，实现新型储能从商业化初期向规模化发展转变。新型储能技术创新能力显著提高，核心技术装备自主可控水平大幅提升，在高安全、低成本、高可靠、长寿命等方面取得长足进步，标准体系基本完善，产业体系日趋完备，市场环境和商业模式基本成熟，装机规模达 3000 万千瓦以上。新型储能在推动能源领域碳达峰碳中和过程中发挥显著作用。到 2030 年，实现新型储能全面市场化发展。新型储能核心技术装备自主可控，技术创新和产业水平稳居全球前列，标准体系、市场机制、商业模式成熟健全，与电力系统各环节深度融合发展，装机规模基本满足新型电力系统相应需求。新型储能成为能源领域碳达峰碳中和的关键支撑之一。

二、强化规划引导，鼓励储能多元发展

（一）统筹开展储能专项规划。研究编制新型储能规划，进一步明确"十四五"及中长期新型储能发展目标及重点任务。省级能源主管部门应开展新型储能专项规划研究，提出各地区规模及项目布局，并做好与相关规划的衔接。相关规划成果应及时报送国家发展改革委、国家能源局。

（二）大力推进电源侧储能项目建设。结合系统实际需求，布局一批配置储能的系统友好型新能源电站项目，通过储能协同优化运行保障新能源高效消纳利用，为电力系统提供容量支撑及一定调峰能力。充分发挥大规模新型储能的作用，推动多能互补发展，规划建设跨区输送的大型清洁能源基地，提升外送通道利用率和通道可再生能源电量占比。探索利用退役火电机组的既有厂址和输变电设施建设储能或

风光储设施。

（三）**积极推动电网侧储能合理化布局。**通过关键节点布局电网侧储能，提升大规模高比例新能源及大容量直流接入后系统灵活调节能力和安全稳定水平。在电网末端及偏远地区，建设电网侧储能或风光储电站，提高电网供电能力。围绕重要负荷用户需求，建设一批移动式或固定式储能，提升应急供电保障能力或延缓输变电升级改造需求。

（四）**积极支持用户侧储能多元化发展。**鼓励围绕分布式新能源、微电网、大数据中心、5G基站、充电设施、工业园区等其他终端用户，探索储能融合发展新场景。鼓励聚合利用不间断电源、电动汽车、用户侧储能等分散式储能设施，依托大数据、云计算、人工智能、区块链等技术，结合体制机制综合创新，探索智慧能源、虚拟电厂等多种商业模式。

三、推动技术进步，壮大储能产业体系

（五）**提升科技创新能力。**开展前瞻性、系统性、战略性储能关键技术研发，以"揭榜挂帅"方式调动企业、高校及科研院所等各方面力量，推动储能理论和关键材料、单元、模块、系统中短板技术攻关，加快实现核心技术自主化，强化电化学储能安全技术研究。坚持储能技术多元化，推动锂离子电池等相对成熟新型储能技术成本持续下降和商业化规模应用，实现压缩空气、液流电池等长时储能技术进入商业化发展初期，加快飞轮储能、钠离子电池等技术开展规模化试验示范，以需求为导向，探索开展储氢、储热及其他创新储能技术的研究和示范应用。

（六）**加强产学研用融合。**完善储能技术学科专业建设，深化多学

科人才交叉培养，打造一批储能技术产教融合创新平台。支持建设国家级储能重点实验室、工程研发中心等。鼓励地方政府、企业、金融机构、技术机构等联合组建新型储能发展基金和创新联盟，优化创新资源分配，推动商业模式创新。

（七）**加快创新成果转化**。鼓励开展储能技术应用示范、首台（套）重大技术装备示范。加强对新型储能重大示范项目分析评估，为新技术、新产品、新方案实际应用效果提供科学数据支撑，为国家制定产业政策和技术标准提供科学依据。

（八）**增强储能产业竞争力**。通过重大项目建设引导提升储能核心技术装备自主可控水平，重视上下游协同，依托具有自主知识产权和核心竞争力的骨干企业，积极推动从生产、建设、运营到回收的全产业链发展。支持中国新型储能技术和标准"走出去"。支持结合资源禀赋、技术优势、产业基础、人力资源等条件，推动建设一批国家储能高新技术产业化基地。

四、完善政策机制，营造健康市场环境

（九）**明确新型储能独立市场主体地位**。研究建立储能参与中长期交易、现货和辅助服务等各类电力市场的准入条件、交易机制和技术标准，加快推动储能进入并允许同时参与各类电力市场。因地制宜建立完善"按效果付费"的电力辅助服务补偿机制，深化电力辅助服务市场机制，鼓励储能作为独立市场主体参与辅助服务市场。鼓励探索建设共享储能。

（十）**健全新型储能价格机制**。建立电网侧独立储能电站容量电价机制，逐步推动储能电站参与电力市场；研究探索将电网替代性储能设施成本收益纳入输配电价回收。完善峰谷电价政策，为用户侧储能

发展创造更大空间。

（十一）健全"新能源＋储能"项目激励机制。对于配套建设或共享模式落实新型储能的新能源发电项目，动态评估其系统价值和技术水平，可在竞争性配置、项目核准（备案）、并网时序、系统调度运行安排、保障利用小时数、电力辅助服务补偿考核等方面给予适当倾斜。

五、规范行业管理，提升建设运行水平

（十二）完善储能建设运行要求。以电力系统需求为导向，以发挥储能运行效益和功能为目标，建立健全各地方新建电力装机配套储能政策。电网企业应积极优化调度运行机制，研究制定各类型储能设施调度运行规程和调用标准，明确调度关系归属、功能定位和运行方式，充分发挥储能作为灵活性资源的功能和效益。

（十三）明确储能备案并网流程。明确地方政府相关部门新型储能行业管理职能，协调优化储能备案办理流程、出台管理细则。督促电网企业按照"简化手续、提高效率"的原则明确并网流程，及时出具并网接入意见，负责建设接网工程，提供并网调试及验收等服务，鼓励对用户侧储能提供"一站式"服务。

（十四）健全储能技术标准及管理体系。按照储能发展和安全运行需求，发挥储能标准化信息平台作用，统筹研究、完善储能标准体系建设的顶层设计，开展不同应用场景储能标准制修订，建立健全储能全产业链技术标准体系。加强现行能源电力系统相关标准与储能应用的统筹衔接。推动完善新型储能检测和认证体系。推动建立储能设备制造、建设安装、运行监测等环节的安全标准及管理体系。

六、加强组织领导，强化监督保障工作

（十五）加强组织领导工作。国家发展改革委、国家能源局负责牵头构建储能高质量发展体制机制，协调有关部门共同解决重大问题，及时总结成功经验和有效做法；研究完善新型储能价格形成机制；按照"揭榜挂帅"等方式要求，推进国家储能技术产教融合创新平台建设，逐步实现产业技术由跟跑向并跑领跑转变；推动设立储能发展基金，支持主流新型储能技术产业化示范；有效利用现有中央预算内专项等资金渠道，积极支持新型储能关键技术装备产业化及应用项目。各地区相关部门要结合实际，制定落实方案和完善政策措施，科学有序推进各项任务。国家能源局各派出机构应加强事中事后监管，健全完善新型储能参与市场交易、安全管理等监管机制。

（十六）落实主体发展责任。各省级能源主管部门应分解落实新型储能发展目标，在充分掌握电力系统实际情况、资源条件、建设能力等基础上，按年度编制新型储能发展方案。加大支持新型储能发展的财政、金融、税收、土地等政策力度。

（十七）鼓励地方先行先试。鼓励各地研究出台相关改革举措、开展改革试点，在深入探索储能技术路线、创新商业模式等的基础上，研究建立合理的储能成本分摊和疏导机制。加快新型储能技术和重点区域试点示范，及时总结可复制推广的做法和成功经验，为储能规模化高质量发展奠定坚实基础。

（十八）建立监管长效机制。逐步建立与新型储能发展阶段相适应的闭环监管机制，适时组织开展专项监管工作，引导产业健康发展。推动建设国家级储能大数据平台，建立常态化项目信息上报机制，探索重点项目信息数据接入，提升行业管理信息化水平。

（十九）加强安全风险防范。督促地方政府相关部门明确新型储能产业链各环节安全责任主体，强化消防安全管理。明确新型储能并网运行标准，加强组件和系统运行状态在线监测，有效提升安全运行水平。

国家发展改革委

国家能源局

2021 年 7 月 15 日

国家发展改革委　国家能源局关于印发
《"十四五"新型储能发展实施方案》的通知①

发改能源〔2022〕209 号

各省、自治区、直辖市及新疆生产建设兵团发展改革委、能源局，国家能源局各派出机构，有关中央企业：

为深入贯彻落实"四个革命、一个合作"能源安全新战略，实现碳达峰碳中和战略目标，支撑构建新型电力系统，加快推动新型储能高质量规模化发展，根据《中华人民共和国国民经济和社会发展第十四个五年规划和 2035 年远景目标纲要》《国家发展改革委 国家能源局关于加快推动新型储能发展的指导意见》有关要求，我们组织编制了《"十四五"新型储能发展实施方案》，现印发给你们，请遵照执行。

国家发展改革委

国家能源局

2022 年 1 月 29 日

---

① 资料来源：中华人民共和国中央人民政府官网。

一、总体要求

（一）指导思想

以习近平新时代中国特色社会主义思想为指导，全面贯彻落实党的十九大和十九届历次全会精神，弘扬伟大建党精神，贯彻新发展理念，深入落实"四个革命、一个合作"能源安全新战略，以碳达峰碳中和为目标，坚持以技术创新为内生动力、以市场机制为根本依托、以政策环境为有力保障，积极开创技术、市场、政策多轮驱动良好局面，以稳中求进的思路推动新型储能高质量、规模化发展，为加快构建清洁低碳、安全高效的能源体系提供有力支撑。

（二）基本原则

统筹规划，因地制宜。强化顶层设计，突出科学引领作用，加强与能源相关规划衔接，统筹新型储能产业上下游发展。针对各类应用场景，因地制宜多元化发展，优化新型储能建设布局。

创新引领，示范先行。以"揭榜挂帅"等方式加强关键技术装备研发，分类开展示范应用。加快推动商业模式和体制机制创新，在重点地区先行先试。推动技术革新、产业升级、成本下降，有效支撑新型储能产业市场化可持续发展。

市场主导，有序发展。明确新型储能独立市场地位，充分发挥市场在资源配置中的决定性作用，更好发挥政府作用，完善市场化交易机制，丰富新型储能参与的交易品种，健全配套市场规则和监督规范，推动新型储能有序发展。

立足安全，规范管理。加强新型储能安全风险防范，明确新型储能产业链各环节安全责任主体，建立健全新型储能技术标准、管理、监测、评估体系，保障新型储能项目建设运行的全过程安全。

（三）发展目标

到 2025 年，新型储能由商业化初期步入规模化发展阶段，具备大规模商业化应用条件。新型储能技术创新能力显著提高，核心技术装备自主可控水平大幅提升，标准体系基本完善，产业体系日趋完备，市场环境和商业模式基本成熟。其中，电化学储能技术性能进一步提升，系统成本降低 30% 以上；火电与核电机组抽汽蓄能等依托常规电源的新型储能技术、百兆瓦级压缩空气储能技术实现工程化应用；兆瓦级飞轮储能等机械储能技术逐步成熟；氢储能、热（冷）储能等长时间尺度储能技术取得突破。

到 2030 年，新型储能全面市场化发展。新型储能核心技术装备自主可控，技术创新和产业水平稳居全球前列，市场机制、商业模式、标准体系成熟健全，与电力系统各环节深度融合发展，基本满足构建新型电力系统需求，全面支撑能源领域碳达峰目标如期实现。

二、强化技术攻关，构建新型储能创新体系

发挥政府引导和市场能动双重作用，加强储能技术创新战略性布局和系统性谋划，积极开展新型储能关键技术研发，采用"揭榜挂帅"机制开展储能新材料、新技术、新装备攻关，加速实现核心技术自主化，推动产学研用各环节有机融合，加快创新成果转化，提升新型储能领域创新能力。

（一）加大关键技术装备研发力度

推动多元化技术开发。开展钠离子电池、新型锂离子电池、铅炭电池、液流电池、压缩空气、氢（氨）储能、热（冷）储能等关键核心技术、装备和集成优化设计研究，集中攻关超导、超级电容等储能技术，研发储备液态金属电池、固态锂离子电池、金属空气电池等新一

代高能量密度储能技术。

突破全过程安全技术。突破电池本质安全控制、电化学储能系统安全预警、系统多级防护结构及关键材料、高效灭火及防复燃、储能电站整体安全性设计等关键技术，支撑大规模储能电站安全运行。突破储能电池循环寿命快速检测和老化状态评价技术，研发退役电池健康评估、分选、修复等梯次利用相关技术，研究多元新型储能接入电网系统的控制保护与安全防御技术。

专栏 1　"十四五"新型储能核心技术装备攻关重点方向

——**多元化技术：**百兆瓦级压缩空气储能关键技术，百兆瓦级高安全性、低成本、长寿命锂离子电池储能技术，百兆瓦级液流电池技术，钠离子电池、固态锂离子电池技术，高性能铅炭电池技术，兆瓦级超级电容器，液态金属电池、金属空气电池，氢（氨）储能、热（冷）储能等。

——**全过程安全技术：**储能电池智能传感技术，储能电池热失控阻隔技术，电池本质安全控制技术，基于大数据的故障诊断和预警技术，清洁高效灭火技术；储能电池循环寿命预测技术，可修复再生的新型电池技术，电池剩余价值评估技术。

——**智慧调控技术：**规模化储能与常规电源联合优化运行技术，规模化储能电网主动支撑控制技术；分布式储能设施聚合互动调控技术，分布式储能与分布式电源协同控制技术，区域能源调配管理技术。

创新智慧调控技术。集中攻关规模化储能系统集群智能协同控制关键技术，开展分布式储能系统协同聚合研究，着力破解高比例新能源接入带来的电网控制难题。依托大数据、云计算、人工智能、区块

链等技术，开展储能多功能复用、需求侧响应、虚拟电厂、云储能、市场化交易等领域关键技术研究。

（二）积极推动产学研用融合发展

支持产学研用体系和平台建设。支持以"揭榜挂帅"等方式调动企业、高校及科研院所等各方面力量，推进国家级储能重点实验室以及国家储能技术产教融合创新平台建设，促进教育链、人才链和产业链的有机衔接和深度融合。鼓励地方政府、企业、金融机构、技术机构等联合组建新型储能发展基金和创新联盟，优化创新资源分配，推动技术和商业模式创新。

加强学科建设和人才培养。落实《储能技术专业学科发展行动计划（2020—2024）》要求，完善新型储能技术人才培养专业学科体系，深化新型储能专业人才和复合人才培养。支持依托新型储能研发创新平台，申报国家或省部级科技项目，培养优秀新型储能科研人才。

（三）健全技术创新体系

加快建立以企业为主体、市场为导向、产学研用相结合的绿色储能技术创新体系，强化新型储能研发创新平台的跟踪和管理。支持相关企业、科研机构、高等院校等持续开展新型储能技术创新、应用布局、商业模式、政策机制、标准体系等方面的研究工作，加强对新型储能行业发展的科学决策支撑。

三、积极试点示范，稳妥推进新型储能产业化进程

聚焦各类应用场景，关注多元化技术路线，以稳步推进、分批实施的原则开展新型储能试点示范，加强示范项目跟踪评估。加快重点区域试点示范，鼓励各地先行先试。通过示范应用带动新型储能技术进步和产业升级，完善产业链，增强产业竞争力。

（一）加快多元化技术示范应用

加快重大技术创新示范。积极开展首台（套）重大技术装备示范、科技创新（储能）试点示范。加强试点示范项目的跟踪监测与分析评估，为新技术、新产品、新方案实际应用效果提供科学数据支撑，为国家制定产业改策和技术标准提供科学依据。推动国家级新型储能实证基地建设，为各类新型储能设备研发、标准制定、运行管理、效益分析等提供验证平台。

专栏 2 "十四五" 新型储能技术试点示范

技术示范：

——百兆瓦级先进压缩空气储能系统应用

——钠离子电池、固态锂离子电池技术示范

——锂离子电池高安全规模化发展

——钒液流电池、铁铬液流电池、锌溴液流电池等产业化应用

——飞轮储能技术规模化应用

——火电抽汽蓄能、核电抽汽蓄能示范应用

——可再生能源制储氢（氨）、氢电耦合等氢储能示范应用

——复合型储能技术示范应用

开展不同技术路线分类试点示范。重点建设更大容量的液流电池、飞轮、压缩空气等储能技术试点示范项目，推动火电机组抽汽蓄能等试点示范，研究开展钠离子电池、固态锂离子电池等新一代高能量密度储能技术试点示范。拓展氢（氨）储能、热（冷）储能等应用领域，开展依托可再生能源制氢（氨）的氢（氨）储能、利用废弃矿坑储能等试点示范。结合系统需求推动多种储能技术联合应用，开展复合型储能试点示范。

推动多时间尺度新型储能技术试点示范。针对负荷跟踪、系统调频、惯量支撑、爬坡、无功支持及机械能回收等秒级和分钟级应用需求，推动短时高频储能技术示范。针对新能源消纳和系统调峰问题，推动大容量、中长时间尺度储能技术示范。重点试点示范压缩空气、液流电池、高效储热等日到周、周到季时间尺度储能技术，以及可再生能源制氢、制氨等更长周期储能技术，满足多时间尺度应用需求。

专栏3　首批科技创新（储能）试点示范项目跟踪评估

河北：

——国家风光储输示范工程二期储能扩建工程

广东：

——科陆－华润电力（海丰小漠电厂）储能辅助调频项目

——佛山市顺德德胜电厂储能调频项目

福建：

——晋江百兆瓦时级储能电站试点示范项目

——宁德时代储能微网项目

江苏：

——张家港海螺水泥厂储能电站项目

——苏州昆山储能电站

青海：

——黄河上游水电开发有限责任公司国家光伏发电试验测试基地配套 20MW 储能电站项目

（二）推进不同场景及区域试点示范

深化不同应用场景试点示范。聚焦新型储能在电源侧、电网侧、用户侧各类应用场景，遴选一批新型储能示范试点项目，结合不同应用场景制定差异化支持政策。结合试点示范项目，深化不同应用场景下储能装备、系统集成、规划设计、调度运行、安全防护、测试评价等方面的关键技术研究。

加快重点区域试点示范。积极开展区域性储能示范区建设，鼓励各地因地制宜开展新型储能政策机制改革试点，推动重点区域新型储能试点示范项目建设。结合以沙漠、戈壁、荒漠地区为重点的大型风电光伏基地建设开展新型储能试点示范；加快青海省国家储能发展先行示范区建设；加强河北、广东、福建、江苏等地首批科技创新（储能）试点示范项目跟踪评估；统筹推进张家口可再生能源示范区新型储能发展。鼓励各地在具备先进技术、人才队伍和资金支持的前提下，大胆先行先试，开展技术创新、模式创新以及体制机制创新试点示范和应用。

专栏 4 "十四五"新型储能区域示范

青海省国家储能发展先行示范区重点项目

——德令哈压缩空气储能试点项目，海南州、海西州两个千万千瓦级清洁能源基地开展"共享储能"示范，乌图美仁乡"风光热储"一体化示范项目，冷湖镇"风光气储"一体化示范项目。

青海省国家储能发展先行示范区政策环境

——加快青海省电力辅助服务市场建设，建立各类市场主体共同参与的电力辅助服务成本分摊和收益共享机制。加快推进青海省电力现货市场建设，营造反映实时供需关系的电力市场环境。研究制定储能电站过渡性扶持政策，探索以年度竞价方式确定示范期内新建"共享储能"项目生命周期辅助服务补偿价格。创新储能投资运营监管方式，采取基于功能定位的储能投资与运营监管方式。

> **张家口可再生能源示范区新型储能创新发展**
>
> ——加大压缩空气储能、大容量蓄电池储能、飞轮储能、超级电容器储能等技术研发力度，积极探索商业化发展模式，逐步降低储能成本，开展规模化储能试点示范。推进储能在电源侧、用户侧和电网侧等场景应用，鼓励用电大户在用户侧建设以峰谷电价差为商业模式的新型储能电站，鼓励在电网侧以"企业自建""共建共享"等方式建设运营新型储能电站。探索风光氢储、风光火储等源网荷储一体化和多能互补的储能发展模式。
>
> **重点区域示范**
>
> ——在山东、河北、山西、吉林、内蒙古、宁夏等地区开展多种新型储能技术试点示范。

（三）发展壮大新型储能产业

完善上下游产业链条。培育和延伸新型储能上下游产业，依托具有自主知识产权和核心竞争力骨干企业，积极推动新型储能全产业链发展。吸引更多人才、技术、信息等高端要素向新型储能产业集聚，着力培育和打造储能战略性新兴产业集群。

建设高新技术产业基地。结合资源禀赋、技术优势、产业基础、人力资源等条件，推动建设一批国家储能高新技术产业化基地，促进新型储能产业实现规模化、市场化高质量发展。

四、推动规模化发展，支撑构建新型电力系统

持续优化建设布局，促进新型储能与电力系统各环节融合发展，支撑新型电力系统建设。推动新型储能与新能源、常规电源协同优化运行，充分挖掘常规电源储能潜力，提高系统调节能力和容量支撑能力。合理布局电网侧新型储能，着力提升电力安全保障水平和系统综合效率。实现用户侧新型储能灵活多样发展，探索储能融合发展新场景，拓展新型储能应用领域和应用模式。

（一）加大力度发展电源侧新型储能

推动系统友好型新能源电站建设。在新能源资源富集地区，如内蒙古、新疆、甘肃、青海等，以及其他新能源高渗透率地区，重点布局一批配置合理新型储能的系统友好型新能源电站，推动高精度长时间尺度功率预测、智能调度控制等创新技术应用，保障新能源高效消纳利用，提升新能源并网友好性和容量支撑能力。

支撑高比例可再生能源基地外送。依托存量和"十四五"新增跨省跨区输电通道，在东北、华北、西北、西南等地区充分发挥大规模新型储能作用，通过"风光水火储一体化"多能互补模式，促进大规模新能源跨省区外送消纳，提升通道利用率和可再生能源电量占比。

促进沙漠戈壁荒漠大型风电光伏基地开发消纳。配合沙漠、戈壁、荒漠等地区大型风电光伏基地开发，研究新型储能的配置技术、合理规模和运行方式，探索利用可再生能源制氢，支撑大规模新能源外送。

促进人规模海上风电开发消纳。结合广东、福建、江苏、浙江、山东等地区大规模海上风电基地开发，开展海上风电配置新型储能研究，降低海上风电汇集输电通道的容量需求，提升海上风电消纳利用水平和容量支撑能力。

提升常规电源调节能力。推动煤电合理配置新型储能，开展抽汽蓄能示范，提升运行特性和整体效益。探索开展新型储能配合核电调峰调频及多场景应用。探索利用退役火电机组既有厂址和输变电设施建设新型储能或风光储设施。

（二）因地制宜发展电网侧新型储能

提高电网安全稳定运行水平。在负荷密集接入、大规模新能源汇集、大容量直流馈入、调峰调频困难和电压支撑能力不足的关键电网节点合理布局新型储能，充分发挥其调峰、调频、调压、事故备用、爬坡、黑启动等多种功能，作为提升系统抵御突发事件和故障后恢复能力的重要措施。

增强电网薄弱区域供电保障能力。在供电能力不足的偏远地区，如新疆、内蒙古、西藏等地区的电网末端，合理布局电网侧新型储能或风光储电站，提高供电保障能力。在电网未覆盖地区，通过新型储能支撑太阳能、风能等可再生能源开发利用，满足当地用能需求。

延缓和替代输变电设施投资。在输电走廊资源和变电站站址资源紧张地区，如负荷中心地区、临时性负荷增加地区、阶段性供电可靠性需求提高地区等，支持电网侧新型储能建设，延缓或替代输变电设施升级改造，降低电网基础设施综合建设成本。

提升系统应急保障能力。围绕政府、医院、数据中心等重要电力用户，在安全可靠前提下，建设一批移动式或固定式新型储能作为应急备用电源，研究极端情况下对包括电动汽车在内的储能设施集中调用机制，提升系统应急供电保障能力。

（三）灵活多样发展用户侧新型储能

支撑分布式供能系统建设。围绕大数据中心、5G基站、工业园区、公路服务区等终端用户，以及具备条件的农村用户，依托分布式新能源、微电网、增量配网等配置新型储能，探索电动汽车在分布式供能系统中应用，提高用能质量，降低用能成本。

提供定制化用能服务。针对工业、通信、金融、互联网等用电量大且对供电可靠性、电能质量要求高的电力用户，根据优化商业模式和系统运行模式需要配置新型储能，支撑高品质用电，提高综合用能效率效益。

提升用户灵活调节能力。积极推动不间断电源、充换电设施等用户侧分散式储能设施建设，探索推广电动汽车、智慧用电设施等双向互动智能充放电技术应用，提升用户灵活调节能力和智能高效用电水平。

（四）开展新型储能多元化应用

推进源网荷储一体化协同发展。通过优化整合本地电源侧、电网侧、用户侧资源，合理配置各类储能，探索不同技术路径和发展模式，鼓励源网荷储一体化项目开展内部联合调度。

加快跨领域融合发展。结合国家新型基础设施建设，积极推动新型储能与智慧城市、乡村振兴、智慧交通等领域的跨界融合，不断拓展新型储能应用模式。

拓展多种储能形式应用。结合各地区资源条件，以及对不同形式能源需求，推动长时间电储能、氢储能、热（冷）储能等新型储能项目建设，促进多种形式储能发展，支撑综合智慧能源系统建设。

五、完善体制机制，加快新型储能市场化步伐

加快推进电力市场体系建设，明确新型储能独立市场主体地位，营造良好市场环境。研究建立新型储能价格机制，研究合理的成本分摊和疏导机制。创新新型储能商业模式，探索共享储能、云储能、储能聚合等商业模式应用。

（一）营造良好市场环境

推动新型储能参与各类电力市场。加快推进电力中长期交易市场、电力现货市场、辅助服务市场等建设进度，推动储能作为独立主体参

与各类电力市场。研究新型储能参与电力市场的准入条件、交易机制和技术标准，明确相关交易、调度、结算细则。

完善适合新型储能的辅助服务市场机制。推动新型储能以独立电站、储能聚合商、虚拟电厂等多种形式参与辅助服务，因地制宜完善"按效果付费"的电力辅助服务补偿机制，丰富辅助服务交易品种，研究开展备用、爬坡等辅助服务交易。

（二）合理疏导新型储能成本

加大"新能源＋储能"支持力度。在新能源装机占比高、系统调峰运行压力大的地区，积极引导新能源电站以市场化方式配置新型储能。对于配套建设新型储能或以共享模式落实新型储能的新能源发电项目，结合储能技术水平和系统效益，可在竞争性配置、项目核准、并网时序、保障利用小时数、电力服务补偿考核等方面优先考虑。

完善电网侧储能价格疏导机制。以支撑系统安全稳定高效运行为原则，合理确定电网侧储能的发展规模。建立电网侧独立储能电站容量电价机制，逐步推动储能电站参与电力市场。科学评估新型储能输变电设施投资替代效益，探索将电网替代性储能设施成本收益纳入输配电价回收。

完善鼓励用户侧储能发展的价格机制。加快落实分时电价政策，建立尖峰电价机制，拉大峰谷价差，引导电力市场价格向用户侧传导，建立与电力现货市场相衔接的需求侧响应补偿机制，增加用户侧储能的收益渠道。鼓励用户采用储能技术减少接入电力系统的增容投资，发挥储能在减少配电网基础设施投资上的积极作用。

（三）拓展新型储能商业模式

探索推广共享储能模式。鼓励新能源电站以自建、租用或购买等形式配置储能，发挥储能"一站多用"的共享作用。积极支持各类主体开展共享储能、云储能等创新商业模式的应用示范，试点建设共享储能交易平台和运营监控系统。

研究开展储能聚合应用。鼓励不间断电源、电动汽车、充换电设施等用户侧分散式储能设施的聚合利用，通过大规模分散小微主体聚合，发挥负荷削峰填谷作用，参与需求侧响应，创新源荷双向互动模式。

创新投资运营模式。鼓励发电企业、独立储能运营商联合投资新型储能项目，通过市场化方式合理分配收益。建立源网荷储一体化和多能互补项目协调运营、利益共享机制。积极引导社会资本投资新型储能项目，建立健全社会资本建设新型储能公平保障机制。

六、做好政策保障，健全新型储能管理体系

鼓励各地结合现有政策机制，加大新型储能技术创新和项目建设支持力度。强化标准的规范引领和安全保障作用，积极建立健全新型储能全产业链标准体系，加快制定新型储能安全相关标准，开展不同应用场景储能标准制修订。加快建立新型储能项目管理机制，规范行业管理，强化安全风险防范。

（一）健全标准体系

完善全产业链标准体系。按照国家能源局、应急管理部、市场监管总局联合印发的《关于加强储能标准化工作的实施方案》要求，充分发挥储能标准化平台作用，建立涵盖新型储能基础通用、规划设计、设备试验、施工验收、并网运行、检测监测、运行维护、安全应急等专业领域，各环节相互支撑、协同发展的标准体系。加强储能标准体系与现行能源电力系统相关标准的有效衔接。深度参与新型储能国际标准制定，提高行业影响力。

加快制定安全相关标准。针对不同技术路线的新型储能设施，研

究制定覆盖电气安全、组件安全、电磁兼容、功能安全、网络安全、能量管理、运输安全、安装安全、运行安全、退役管理等全方位安全标准。加快制定电化学储能模组／系统安全设计和评测、电站安全管理和消防灭火等相关标准。细化储能电站接入电网和应用场景类型，完善接入电网系统的安全设计、测试验收、应急管理等标准。

创新多元化应用技术标准。结合新型储能技术创新和应用场景拓展，及时开展各类标准的制修订工作，统筹技术进步和标准应用的兼容度，兼顾标准创新性和实用性。聚焦新能源配套储能，加快开展储能系统技术要求及并网性能要求等标准制修订，规范新增风电、光伏配置储能要求。研究制定规模化储能集群智慧调控和分布式储能聚合调控的相关标准，提高储能运行效率和系统价值。

专栏5 "十四五"新型储能标准体系重点方向

——**新型储能标准体系**：基础通用、规划设计、设备试验、施工验收、并网运行、检测监测、运行维护、安全应急等领域标准。

——**安全相关重点标准**：储能电站安全设计、安全监测及管理、消防处理、安全应急、系统并网、设备试验检测、电化学储能循环寿命评价、退役电池梯次利用等。

——**多元化应用技术标准**：电化学、压缩空气、超导、飞轮等不同储能技术标准，火电与核电机组抽汽蓄能等依托常规电源的新型储能技术标准，氢（氨）储能、热（冷）储能等创新储能技术标准，多场景智慧调控等技术标准。

（二）完善支持政策

结合首台（套）技术装备示范应用、绿色技术创新体系支持政策，积极推动各地加大支持力度。鼓励各地根据实际需要对新型储能项目投资建设、并网调度、运行考核等方面给予政策支持。有效利用现有资金渠道,积极支持新型储能关键技术装备产业化及应用项目。支持将新型储能纳入绿色金融体系,推动设立储能发展基金,健全社会资本融资手段。

（三）建立项目管理机制

强化安全风险防范。推动健全新型储能安全生产法律法规和标准规范,完善管理体系,明确产业上下游各环节安全责任主体,强化安全责任落实。针对新型储能项目,尤其是大规模电化学储能电站,加强项目准入、生产与质量控制、设计咨询、施工验收、并网调度、运行维护、退役管理、应急管理与事故处置等环节安全管控和监督,筑牢安全底线。

规范项目建设和运行管理。落实《新型储能项目管理规范（暂行）》,明确新型储能项目备案管理职能,优化备案流程和管理细则。完善新型储能项目建设单位资质资格、设备检测认证机制,提升质量管理水平。推动建立新型储能用地、环保、安全、消防等方面管理机制。督促电网企业明确接网程序,优化调度运行机制,充分发挥储能系统效益。研究与新能源、微电网、综合智慧能源、能源互联网项目配套建设的新型储能项目管理机制。

七、推进国际合作,提升新型储能竞争优势

深入推进新型储能领域国际能源合作,完善合作机制,搭建合作平台,拓展合作领域,实现新型储能技术和产业的高质量引进来和高水平走出去。

（一）完善国际合作机制

按照优势互补、互利共赢的原则,充分发挥政府间多、双边能源合

作机制作用，强化与世界银行等国际金融机构合作，搭建新型储能国际合作平台，推进与重点国家新型储能领域合作。

（二）推动技术和产业国际合作

在新型储能前沿领域开展科技研发国际合作，加强国际技术交流和信息共享，探索先进技术引进、产业链供应链合作的共赢机制，研究国内外企业合作新模式，推动国内先进储能技术、标准、装备"走出去"。

八、保障措施

建立健全新型储能多部门协调机制，国家发展改革委、国家能源局加强与有关部门协调，做好与国家能源及各专项规划的统筹衔接，推动建设国家级新型储能大数据平台，提升实施监测和行业管理信息化水平。制定新型储能落实工作方案和政策措施，各省级能源主管部门编制本地区新型储能发展方案，明确进度安排和考核机制，科学有序推进各项任务，并将进展情况抄送国家能源局及派出机构。加强实施情况监督评估，国家能源局派出机构要密切跟踪落实情况，及时总结经验、分析问题，提出滚动修订的意见建议。

国家能源局根据监督评估情况对实施方案进行适时调整和优化。

四、储能示范项目

表 F-5　2020 年储能示范项目

排序	项目地区	项目名称	应用场景
1	青海省	青海黄河上游水电开发有限责任公司国家光伏发电试验测试基地配套 20MW 储能电站项目	可再生能源发电侧
2	河北省	国家风光储输示范工程二期储能扩建工程	可再生能源发电侧

排序	项目地区	项目名称	应用场景
3	福建省	宁德时代储能微网项目	用户侧
4	江苏省	张家港海螺水泥厂 32MW·h 储能电站项目	用户侧
5	江苏省	苏州昆山 110.88MW/193.6MW·h 储能电站	电网侧
6	福建省	福建晋江 100MW·h 级储能电站试点示范项目	电网侧
7	广东省	科陆 – 华润电力（海丰小漠电厂）30MW 储能辅助调频项目	配合常规火电参与辅助服务
8	广东省	佛山市顺德德胜电厂储能调频项目	配合常规火电参与辅助服务

资料来源：国家能源局

表 F–6　2023 年储能示范项目

排序	示范项目名称	依托工程项目	项目业主单位	项目推荐单位
1	山东省肥城市 300 MW/1800MW·h 压缩空气储能示范项目	山东肥城 300MW 先进压缩空气储能示范电站	中储国能（山东）电力能源有限公司	山东省能源局
2	江西省铅山县 300 MW/1200MW·h 压缩空气储能示范项目	江西铅山 300MW 先进压缩空气储能示范电站	江西黄岗山电力能源有限公司	江西省能源局
3	甘肃省玉门市 300 MW/1800MW·h 压缩空气储能示范项目	甘肃酒泉 300MW 压缩空气储能电站示范工程	酒泉能建玉能科技有限公司	中国能建
4	山东省利津县 795 MW/1600MW·h 混合储能示范项目	东营津辉 795MW/1600MW·h 集中式储能项目	利津县津辉清洁能源有限公司	山东省能源局
5	湖北省应城市 300 MW/1500MW·h 压缩空气储能示范项目	湖北应城 300MW 级压缩空气储能电站示范项目	湖北楚韵储能科技有限责任公司	中国能建
6	江苏省如东县 26MW/ 100MW·h 重力储能示范项目	如东 100MW·h 重力储能项目	如东能楹储能科技有限公司	江苏省发展改革委

排序	示范项目名称	依托工程项目	项目业主单位	项目推荐单位
7	河南省新县 300MW/1200MW·h 压缩空气储能示范项目	河南信阳先进 300MW 压缩空气储能项目	中储国能（河南）电力能源有限公司	河南省发展改革委
8	宁夏回族自治区灵武市 22MW/4.5MW·h 飞轮储能示范项目	22MW/4.5MW·h 飞轮储能及光火储耦合控制系统项目	国能宁夏灵武发电有限公司	宁夏回族自治区发展改革委
9	广西壮族自治区南宁市西乡塘区 100MW/200MW·h 锂离子电池储能示范项目	华能西乡塘 400MW/800MW·h（一期 100MW/200MW·h）集中式化学储能项目	华能广西清洁能源有限公司	广西壮族自治区发展改革委，中国华能
10	山西省朔州市平鲁区 100MW/200MW·h 混合储能示范项目	山西华电福新发展华朔能源有限公司独立储能示范项目	山西华电福新发展华朔能源有限公司	中国华电
11	四川省眉山市甘眉工业园 100MW/400MW·h 全钒液流电池储能示范项目	中广核眉山 100MW/400MW·h 全钒液流储能电站示范项目	中广核新能源（四川）有限公司	中广核
12	山东省潍坊市高新区 100MW/400MW·h 全钒液流电池储能示范项目	100MW/400MW·h 全钒液流储能电站示范项目	山东昭阳新能源有限公司	山东省能源局
13	山东省蓬莱市 4MW/1MW·h 飞轮储能示范项目	单体 4MW 级磁悬浮大功率飞轮储能系统研发与示范项目	国家能源蓬莱发电有限公司	国家能源集团
14	新疆生产建设兵团三师图木舒克市 80MW/160MW·h 锂离子电池储能示范项目	电源侧锂电池储能在沙戈荒大规模安全稳定运行的示范	图木舒克粤电瀚海新能源有限公司	新疆生产建设兵团发展改革委
15	黑龙江省肇东市 100MW/200MW·h 锂离子电池储能示范项目	三峡能源黑龙江省肇东市独立共享储能示范项目	三峡新能源肇东发电有限公司	黑龙江省发展改革委

续表

排序	示范项目名称	依托工程项目	项目业主单位	项目推荐单位
16	湖北省荆门市掇刀区50MW/100MW·h锂离子电池储能示范项目	荆门亿纬50MW/100MW·h储能场景应用示范工程	湖北亿纬动力有限公司	湖北省发展改革委
17	安徽省芜湖市繁昌区10MW/80MW·h二氧化碳储能示范项目	芜湖海螺10MW/80MW·h新型二氧化碳储能示范项目	海穰新能源科技（芜湖）有限公司，安徽海螺新能源有限公司	安徽省能源局
18	甘肃省张掖市经济开发区17MW/68MW·h重力储能示范项目	张掖17MW/68MW·h重力储能项目	张掖能楹储能技术有限公司	甘肃省发展改革委
19	吉林省乾安县100MW/400MW·h全钒液流电池储能示范项目	吉林省100MW/400MW·h新型储能示范项目	松原中卉新能源有限公司	吉林省能源局
20	江苏省分散式27.4MW/32.9MW·h锂离子电池储能示范项目	国家电投江苏公司新能源场站分散式储能创新示范项目（磷酸铁锂27.4MW32.9MW·h）	国家电投江苏电力有限公司	国家电投
21	江苏省连云港市连云区200MW/400MW·h锂离子电池储能示范项目	中核田湾400MW·h储能项目	中核江苏新能源有限公司	江苏省发展改革委
22	陕西省陇县300MW/1800MW·h全钒液流电池储能示范项目	陇县300MW/1800MW·h全钒液流储能项目	陕西建工新能源有限公司	陕西省发展改革委
23	湖南省岳阳县300MW/1500MW·h压缩空气储能示范项目	岳阳龙泉山300MW先进压缩空气储能电站项目	岳阳旭峰能源开发有限公司	湖南省能源局、中国电建
24	湖南省衡阳市珠晖区100MW/400MW·h压缩空气储能示范项目	湖南衡阳百兆瓦级盐穴非补燃式压缩空气储能创新示范项目	中电雪盐（衡阳）储能科技有限公司	国家电投
25	河北省赤城县60MW/360MW·h重力储能示范项目	张家口赤城重力储能示范项目	中国电力工程顾问集团华北电力设计院有限公司	中国能建

续表

排序	示范项目名称	依托工程项目	项目业主单位	项目推荐单位
26	新疆维吾尔自治区哈密市伊州区256.5MW/1000MW·h混合储能示范项目	新疆华电哈密十三间房25万千瓦/100万千瓦时共享储能示范项目	新疆华电十三间房风电有限责任公司	中国华电
27	辽宁省昌图县200MW/400MW·h钠离子电池储能示范项目	国家电投辽宁铁岭200MW/400MW·h共享储能电站项目	辽宁清电盛储新能源有限公司	辽宁省发展改革委
28	青海省格尔木市40MW/160MW·h二氧化碳储能示范项目	海西州格尔木东方电气40MW/160MW·h压缩二氧化碳储能示范项目	东方电气集团东方汽轮机有限公司	青海省能源局
29	浙江省长兴县100MW/1000MW·h铅炭电池储能示范项目	国家电投湖州综合智慧零碳电厂"和平共储"综合智慧能源项目（铅炭电池100MW/1000MW·h）	国家电投集团长兴储能有限公司	国家电投
30	河北省平山县100MW/320MW·h锂离子电池储能示范项目	华能西柏坡百兆瓦级（县级）新型电力系统示范项目	华能平山清洁能源有限责任公司	中国华能
31	广东省五华县70MW/140MW·h锂离子电池储能示范项目	广东梅州五华河东电网侧独立电池储能项目	南方电网调峰调频（广东）储能科技有限公司梅州分公司	广东省能源局
32	广东省新型储能创新中心创新实证示范项目	广东省新型储能创新中心产学研用协同创新基地项目、惠州龙门零碳生态园储能项目、广东华电汕尾华侨管理区新型电化学储能电站、广东省新型储能创新中心顺德实证基地项目、广东省新型储能创新中心揭阳实证基地项目	广东新型储能国家研究院有限公司、南方电网调峰调频（广东）储能科技有限公司、华电国际电力股份有限公司广东分公司	广东省能源局、南方电网、中国大唐、中国华电

排序	示范项目名称	依托工程项目	项目业主单位	项目推荐单位
33	青海省格尔木市60MW/600MW·h液态空气储能示范项目	青海格尔木60MW液态空气储能示范项目	青海格尔木鲁能新能源有限公司	中国绿发
34	湖北省沙洋县50MW/100MW·h锂离子电池储能示范项目	湖北荆门高桥新型储能试点示范	国网湖北省电力有限公司	国家电网
35	福建省平潭综合实验区120MW/240MW·h锂离子电池储能示范项目	平潭综合实验区城市配电网供电能力提升－共享储能电站项目（一期）	平潭综合实验区储能科技有限责任公司	福建省发展改革委
36	广西壮族自治区灵山县204.24MW/423.26MW·h混合储能示范项目	广西钦州陆屋集中共享储能站项目	广西联合共享储能科技有限公司	南方电网
37	江苏省滨海县100MW/400MW·h全钒液流电池储能示范项目	江苏盐城滨海100MW/400MW·h共享储能	上气悦达（江苏）储能科技有限公司	江苏省发展改革委
38	湖北省英山县100MW/400MW·h铁基液流电池储能示范项目	中电建英山100MW/400MW·h铁基液流储能电站项目	中水顾（英山）新能源有限公司	中国电建
39	湖北省襄阳市高新区100MW/500MW·h全钒液流电池储能示范项目	襄阳高新区100MW/500MW·h全钒液流电池储能电站	湖北绿动中钒新能源有限公司	湖北省发展改革委
40	安徽省淮南市山南高新区水系钠离子电池储能示范项目	兆瓦时级水系钠离子电池储能示范电站	国网安徽省电力有限公司淮南供电公司	安徽省能源局
41	上海市杨浦区锌铁液流电池储能示范项目	上海杨浦滨江锌铁液流电池共享储能示范项目	纬景储能科技有限公司	上海市发展改革委

续表

排序	示范项目名称	依托工程项目	项目业主单位	项目推荐单位
42	湖南省桂阳县250MW/500MW·h锂离子电池储能示范项目	桂阳陈溪村基于感应滤波的三站合一源网共享大规模储能电站	湖南龙源新能源发展有限公司	湖南省能源局
43	云南省丘北县200MW/400MW·h锂离子电池储能示范项目	云南文山丘北独立储能项目	南方电网调峰调频（广东）储能科技有限公司	云南省能源局、南方电网
44	河南省滑县100MW/200MW·h锂离子电池储能示范项目	京能滑县100MW/200MW·h高安全性磷酸铁锂独立共享储能项目	河南京能滑州热电有限责任公司	河南省发展改革委
45	河北省承德市双滦区100MW/300MW·h混合储能示范项目	河北建投双滦区集中储能项目	晟新源储能科技承德有限公司	河北省发展改革委
46	青海省乌兰县200MW/800MW·h压缩空气储能示范项目	海西州乌兰县新建储气罐的先进压缩空气储能示范项目	海西乌兰中规绿电新能源有限公司	青海省能源局
47	浙江省杭州市萧山区50MW/100MW·h锂离子电池储能示范项目	萧山发电厂电化学储能电站（第一阶段50MW/100MW·h)	浙江浙能电力股份有限公司萧山发电厂	浙江省能源局
48	河北雄安新区白洋淀8MW/8MW·h锂离子电池储能示范项目	河北白洋淀新型储能试点示范	国网河北省电力有限公司	国家电网
49	江西省分宜县55MW/109.01MW·h混合储能示范项目	国家电投江西省国际综合智慧储能研究基地项目	国家电投集团江西电力有限公司	江西省能源局
50	辽宁省沈阳市于洪区200MW/800MW·h混合储能示范项目	于洪区百万级公共储能中心项目	沈阳融合宏雅新能源有限责任公司	辽宁省发展改革委

续表

排序	示范项目名称	依托工程项目	项目业主单位	项目推荐单位
51	四川省遂宁市船山区200MW/1600MW·h压缩空气储能示范项目	华夏智慧遂宁船山区200MW压缩空气储能及综合能源利用项目	遂宁云享储能技术有限公司	四川省能源局
52	黑龙江省宝清县350MW/1750MW·h压缩空气储能示范项目	黑龙江吉能宝清350MW/1750MW·h压缩空气储能示范项目	宝清县吉能压缩空气储能有限公司	黑龙江省发展改革委
53	内蒙古自治区四子王旗550MW/1100MW·h锂离子电池储能示范项目	三峡乌兰察布新一代电网友好绿色电站示范项目	三峡新能源四子王旗有限公司	三峡集团
54	湖北省荆州市荆州区100MW/0.833MW·h飞轮储能示范项目	荆州区100MW飞轮储能电站项目	湖南新华水利电力有限公司	中核集团
55	海南省文昌市100MW/200MW·h锂离子电池储能示范项目	大唐文昌100MW/200MW·h新型储能示范项目	大唐海南文昌新能源有限公司	海南省发展改革委
56	新疆维吾尔自治区巴里坤哈萨克自治县100MW/400MW·h压缩空气储能示范项目	华能新疆能源开发有限公司新能源东疆分公司100MW/400MW·h压缩空气示范项目	华能新疆能源开发有限公司新能源东疆分公司	新疆维吾尔自治区发展改革委

资料来源：国家能源局

五、电化学储能相关国家及行业标准

表 F–7　电化学储能国家标准

序号	标准编号	标准名称	状态
1	GB/T 34120–2023	电化学储能系统储能变流器技术要求	发布
2	GB/T 34131–2023	电力储能用电池管理系统	发布
3	GB/T 34133–2023	储能变流器检测技术规程	发布

序号	标准编号	标准名称	状态
4	GB/T 36276–2023	电力储能用锂离子电池	发布
5	GB/T 36280–2023	电力储能用铅炭电池	发布
6	GB/T 36545–2018	移动式电化学储能系统技术要求	发布
7	GB/T 36545–2023	移动式电化学储能系统技术要求	发布
8	GB/T 36547–2018	电化学储能系统接入电网技术规定	发布
9	GB/T 36548–2018	电化学储能系统接入电网测试规范	发布
10	GB/T 36549–2018	电化学储能电站运行指标及评价	发布
11	GB/T 36558–2023	电力系统电化学储能系统通用技术条件	发布
12	GB/T 42288–2022	电化学储能电站安全规程	发布
13	GB/T 42312–2023	电化学储能电站生产安全应急预案编制导则	发布
14	GB/T 42313–2023	电力储能系统术语	发布
15	GB/T 42314–2023	电化学储能电站危险源辨识技术导则	发布
16	GB/T 42315–2023	电化学储能电站检修规程	发布
17	GB/T 42316–2023	分布式储能集中监控系统技术规范	发布
18	GB/T 42317–2023	电化学储能电站应急演练规程	发布
19	GB/T 42318–2023	电化学储能电站环境影响评价导则	发布
20	GB/T 42715–2023	移动式储能电站通用规范	发布
21	GB/T 42716–2023	电化学储能电站建模导则	发布
22	GB/T 42717–2023	电化学储能电站并网性能评价方法	发布
23	GB/T 42726–2023	电化学储能电站监控系统技术规范	发布
24	GB/T 42737–2023	电化学储能电站调试规程	发布

序号	标准编号	标准名称	状态
25	GB/T 43462-2023	电化学储能黑启动技术导则	发布
26	GB/T 43522-2023	电力储能用锂离子电池监造导则	发布
27	GB/T 43526-2023	用户侧电化学储能系统接入配电网技术规定	发布
28	GB/T 43528-2023	电化学储能电池管理通信技术要求	发布
29	GB/T 43540-2023	电力储能用锂离子电池退役技术要求	发布
30	20212968-T-524	电化学储能电站后评价导则	已报批
31	20212969-T-524	电化学储能电站接入电网技术规定	已报批
32	20214745-T-524	电化学储能电站接入电网测试规程	已报批
33	20214748-T-524	用户侧电化学储能系统并网管理规范	已报批
34	20214749-T-524	智能电化学储能电站技术导则	已报批
35	20214752-T-524	电化学储能电站模型参数测试规程	已报批
36	20214754-T-524	电化学储能电站检修试验规程	已报批
37	20214757-T-524	电化学储能电站启动验收规程	已报批
38	20214758-T-524	电化学储能系统接入低压配电网运行控制规范	已报批
39	20214759-T-524	预制舱式锂离子电池储能系统技术规范	已报批
40	20214761-T-524	电化学储能电站接入电网运行控制规范	已报批
41	20214764-T-524	电力系统配置电化学储能电站规划导则	已报批
42	20221624-T-524	电化学储能电站安全监测信息系统技术导则	在编
43	20230047-T-524	电力储能系统 并网储能系统安全通用规范	在编
44	20232157-T-524	储能电站安全标志技术规范	在编
45	20232159-T-524	电化学储能电站应急物资技术导则	在编
46	20232449-T-524	电力储能电站 钠离子电池技术条件	在编

资料来源：中国电力企业联合会

表 F-8 电力储能行业标准

序号	标准编号	标准名称	状态
47	DL/T 1815—2018	电化学储能电站设备可靠性评价规程	发布
48	DL/T 1816—2018	电化学储能电站标识系统编码导则	发布
49	NB/T 42089—2016	电化学储能电站功率变化系统技术规范	发布
50	NB/T 42090—2016	电化学储能电站监控系统技术规范	发布
51	NB/T 42091—2016	电化学储能电站用锂离子电池技术规范	发布
52	DL/T 1989—2019	大容量电池储能站监控单元与电池管理系统通信协议	发布
53	NB/T 33014—2014	电化学储能系统接入配电网运行控制规范	发布
54	NB/T 33015—2014	电化学储能系统接入配电网技术规定	发布
55	NB/T 33016—2014	电化学储能系统接入配电网测试规程	发布
56	DL/T 5810-2020	电化学储能电站接入电网设计规范	发布
57	DL/T 2315-2021	电力储能用梯次利用锂离子电池系统技术导则	发布
58	DL/T 5816-2020	分布式储能系统接入配电网设计规范	发布
59	DL/T 2082-2020	电化学储能系统溯源编码规范	发布
60	DL/T 2313-2021	参与辅助调频的电厂侧储能系统并网管理规范	发布
61	DL/T 2314-2021	电厂侧储能系统调度运行管理规范	发布
62	DL/T 2316-2021	电力储能用锂离子梯次利用动力电池再退役技术条件	发布
63	DL/T 2528-2022	电力储能基本术语	发布
64	DL/T 2579-2022	参与辅助调频的电源侧电化学储能系统并网试验规程	发布
65	DL/T 2580-2022	储能电站技术监督导则	发布
66	DL/T 2581-2022	参与辅助调频的电源侧电化学储能系统调试导则	发布
67	DL/T 5860-2022	电化学储能电站可行性研究报告内容深度规定	发布
68	DL/T 5861-2022	电化学储能电站初步设计内容深度规定	发布
69	DL/T 5861-2022	电化学储能电站施工图设计内容深度规定	发布
70	能源 20200099	电化学储能电站建模导则	在编

续表

序号	标准编号	标准名称	状态
71	能源 20200100	电化学储能电站模型参数测试规程	在编
72	能源 20200490	用户侧电化学储能系统接入配电网技术规定	在编
73	能源 20200491	电化学储能用锂离子电池状态评价导则	在编
74	能源 20210256	电池储能系统储能协调控制器技术规范	在编
75	能源 20210258	电力储能用直流动力连接器通用技术要求	在编
76	能源 20210353	电力储能用锂离子电池监造导则	在编
77	能源 20210355	液流电池储能电站检修规程	在编
78	能源 20210743	电化学储能电站监控系统技术规范	在编
79	能源 20220420	储能电站环境保护技术监督规程	在编
80	能源 20220421	储能电站化学技术监督规程	在编
81	能源 20230489	户用电化学储能系统验收规范	在编
82	能源 20230488	新型储能电站统计技术导则	在编
83	能源 20230485	电力储能直流耦合系统技术规范	在编
84	能源 20230484	电化学储能电站并网验收技术规范	在编
85	能源 20230966	电化学储能电站设备可靠性评价规程	在编
86	能源 20230483	户用电化学储能系统设计规范	在编
87	能源 20230481	电化学储能电站经济评价导则	在编

资料来源：中国电力企业合会